westermann

Karibu

Sprachbuch 2
Bayern

Erarbeitet von:
Astrid Eichmeyer, Heidrun Kunze,
Kerstin von Werder, Andrea Warnecke
und Sabine Willmeroth

Bearbeitet für Bayern von:
Astrid Eichmeyer, Franziska Nittschalk,
Andrea Warnecke

Wissenschaftliche Beratung:
Dr. Almut Drummer

Illustriert von:
Svenja Doering und Susanne Schulte

Inhaltsverzeichnis

* An dieser Stelle werden die genannten Methoden eingeführt.

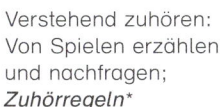

Was diese Zeichen bedeuten:

 Partnerarbeit

 Nachschlagen in der Wörterliste

 Lerntagebuch

AH Arbeitsheft

 Medienbildung

 Ich-Du-Wir-Lernform

 Murmelrunde

 Fünf-Finger-Methode

 Wichtige Regeln

Das sind Übungswörter.

S. 126 Nachschlagen in den Methodenseiten

 Anforderungsbereich I

 Anforderungsbereich II

 Anforderungsbereich III

In den Fußzeilen sind die Kompetenzen/Lernschritte der jeweiligen Seite aufgelistet.

Von Erlebnissen erzählen

1 Sofie hat ihre Ferien-Schatzkiste mit in die Schule gebracht. Erzähle.

> Wo hast du die Muschel gefunden?

> Warum hast du gerade diese Steine gesammelt?

> Warst du auch auf dem Leuchtturm?

> Wo hast du am liebsten gespielt?

> ...

Murmelrunde   S. 125
1. Ich denke über ein Thema nach.
2. Ich tausche mich mit anderen Kindern aus.
3. Ich spreche dabei in Flüstersprache.

2 Erzählt einem Partnerkind etwas über eure Ferien. Beantwortet euch eure Fragen.

3 Sucht euch ein neues Partnerkind. Arbeitet wie in **2** .

4 Was hat gut geklappt, was nicht? Erkläre.

5 Schreibe zu deinem Lieblingstag aus den Ferien.

Gesprächsregeln entwickeln und formulieren

1 Erzähle.

2 Schreibe Gesprächsregeln auf. Benutze die 5-Finger-Methode.

5-Finger-Methode   S. 124
1. Ich zeichne meine Hand auf ein Blatt.
2. Ich sammle Ideen.
3. Ich schreibe sie in die Finger.
4. Ich vergleiche mit einem Partnerkind.

3 Gehe leise durch den Raum
und lies die Ideen der anderen Kinder.

4 Vergleiche mit einem Partnerkind.
Ihr könnt noch Regeln dazuschreiben
oder eine neue Hand aufmalen.

5 Wie hat die 5-Finger-Methode bei dir geklappt? Erzähle.

Klassenregeln verabreden und aufschreiben

1 Lies Karis Klassenregeln. Erzähle.

> Wir binden unsere Ufos an die Haken.
> Wir arbeiten leise.
> Wir schweben langsam zur Tafel.
> Wir toben in der Pause auf dem Tisch.
> Wir lachen keinen aus.
> Wir legen unsere Helme in das Regal.
> Wir sprechen höflich miteinander.

2 Welche Regeln passen auch für deine Klasse?

3 Findet weitere Regeln. ✎
Schreibt so: Wir ...

4 Stellt eure Regeln vor.

5 Verabredet Klassenregeln.

6 Schreibe die Klassenregeln auf.

7 Schreibt Pausenregeln auf. ✎

Unsere Klassenregeln:
1. Wir arbeiten leise.

Texte planen und schreiben: sammeln Formulierungen und Informationen für ihre eigenen informierenden Texte und wählen daraus aus

> AH, S. 4
> Gesprächsregeln, S. 125

Einen Ich-Text schreiben

1 Lies Karis Ich-Text und erzähle.

Mein Ich-Text

Mein Name: Kari

Meine Klasse: 2b

Ich sitze neben: Kara

Ich arbeite gerne mit: Bu

Mein ♥ -Fach: Planetenkunde

Mein ♥ -

2 Was kann noch im Ich-Text stehen?
Startet eine Murmelrunde. ∽
Ergänzt.

3 Schreibe deinen Ich-Text:
Das bin ich in diesem Schuljahr.

4 Gestalte deinen Ich-Text.

5 Stelle deinen Ich-Text vor.
Sprich dabei langsam und deutlich.

Denk an eine lesbare Schrift

Silben schwingen, Vokale markieren

1 Erzähle.

Die Piloten bekommen neue Namen.
Sie heißen jetzt Vokale.

a   e   i   o   u   au   ei   eu   ä   ö   ü

2 Schwinge die Wörter. Schreibe sie auf: Domino.

3 Schreibe die Wörter auf. Markiere den Silbenkern: Baum, ...

S. 124 **4** **au**, **ei** und **eu** nennt man Zwielaute. **ä**, **ö**, **ü** nennt man Umlaute.
Erklärt.

Jede Silbe hat genau einen Piloten.
Es gibt Silbenkerne aus den **Vokalen a, e, i, o, u**,
aus den **Zwielauten au, ei, eu**
und aus den **Umlauten ä, ö, ü**.

Wörter abschreiben

1 Schreibe die Wörter ab.

| Melone | Banane | Taucher | Frosch | Brille |

| Bratpfanne | Pflaster | Drachenkopf | Strom |

Wörter abschreiben   S. 135
1. Ich lese in Silben.
2. Ich verdecke das Wort und merke es mir.
3. Ich schreibe und spreche dabei genau mit.
4. Ich kontrolliere genau.

2 Suche die Wörter. Schreibe so: Fisch, …

FischDelfinRaupeEuleKaterLamaMeise

3 Suche die Wörter. Schreibe sie auf.

SchraubeSchwesterSchaleSchuleSchweinSchnabel

4 Wie habt ihr die Wörter in ▶2 und ▶3 gefunden?

5 Suche die Wörter. Schreibe die Sätze auf.

Dasfindeichleicht.Ichkanndas.

6 Schreibt eigene Wörterschlangen. Tauscht sie aus.

Sprachgebrauch und
Sprache untersuchen
und reflektieren

Richtig schreiben: schreiben planvoll und fehlerlos ab und finden Fehler durch
Vergleichen mit der Vorlage
Phonologisches und silbisches Prinzip nutzen: schreiben lauttreue Wörter,
indem sie silbisch mitsprechen

> Wörter abschreiben,
S. 135

9

Wörter mit e, el, en mitsprechen

1 Erzähle.

Bubn   Buben

Ich schwinge das Wort.
Es hat zwei Silben.

Dann hat es
auch zwei Vokale.

2 Schwinge die Wörter und schreibe sie auf. Setze Silbenbögen.

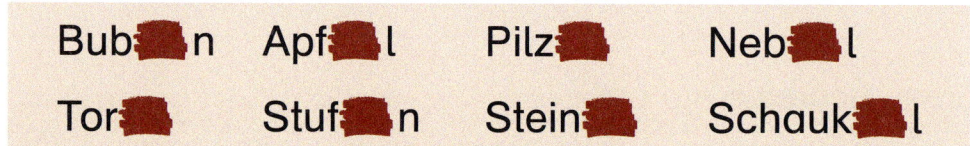

Bub___n   Apf___l   Pilz___   Neb___l

Tor___   Stuf___n   Stein___   Schauk___l

3 Markiere in den Wörtern aus **2**
den Vokal in der letzten Silbe: Buben, ...
Was fällt dir auf?

Dieses gemeine **e**!
Immer klingt es anders.

4 Schwinge die Wörter und schreibe sie auf.
Schreibe so: Schaukel, ...

5 Schreibe weitere Wörter mit **e**, **el** und **en** in der Endsilbe auf.

10 Sprachgebrauch und
Sprache untersuchen
und reflektieren   Phonologisches und silbisches Prinzip nutzen: schreiben unbetonte Endsilben   > AH, S. 6
(Konsonant + e, el, en) richtig

Wörter mit er mitsprechen

1 Suche Wörter mit **er** in der Endsilbe.

2 Sprecht euch die Wörter laut vor. Was fällt euch auf?

3 Was ist dir bei **2** aufgefallen?

S. 124

- Die Wörter klingen am Ende alle gleich.
- Die 2. Silbe beginnt immer mit einem Vokal.
- Am Ende der 2. Silbe klingt es fast wie ein **a**,
  aber das Wort wird mit **er** geschrieben.
- In der 2. Silbe ist der Silbenkern immer ein **e**.

4 Schreibe die Wörter auf. Markiere das **e** in der 2. Silbe.

5 Finde weitere Wörter mit **er** am Ende der Silbe.
Schreibe sie auf.

hinter   aber   weiter   oder   über

Sprachgebrauch und Sprache untersuchen und reflektieren | Phonologisches und silbisches Prinzip nutzen: schreiben unbetonte Endsilben (Konsonant + er) richtig
Über Lernen sprechen: äußern sich beim Lösen einer Aufgabe zu ihren Vermutungen und nutzen dazu vorgegebene Formulierungen | > AH, S. 6
> Häufigkeitswörter üben, S. 137 | **11**

Offene und geschlossene Silben unterscheiden

1 Anton und Bea sortieren
ihre Wörter. Was fällt euch auf?

> Achtet auf
> die erste Silbe.

> Diese Wörter
> helfen euch:

A

Hefe

Tafel

B

Hefte

Tante

1. Silbe
Vokal
endet
endet nicht

2 Was ist dir bei den Wörtern in **1** aufgefallen?

- Bei A endet die 1. Silbe mit einem Zwielaut.
- Bei A endet die 1. Silbe mit einem Vokal.
- Bei B endet die 1. Silbe nicht mit einem Vokal.
- Bei B beginnt die 1. Silbe mit einem Vokal.

3 Sortiere die Wörter zu A und B. Markiere den Vokal in der 1. Silbe.

Winter   Rabe   baden   Hunde   reden   rechnen   helfen

4 Schwingt die Wörter.
Entscheidet, ob die Wörter zu A oder B gehören.

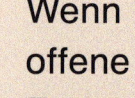 Wenn die 1. Silbe mit einem Vokal endet, heißt sie
offene Silbe: **He-fe**. Der Vokal klingt hell und deutlich.
Endet die 1. Silbe nicht mit einem Vokal, heißt sie
geschlossene Silbe: **Hef-te**. Der Vokal klingt dunkel und undeutlich.

12 Sprachgebrauch und
Sprache untersuchen
und reflektieren

Phonologisches und silbisches Prinzip nutzen: unterscheiden Lautqualitäten
gleich geschriebener Vokale
Über Lernen sprechen: verfügen über Formulierungsroutinen und Wortschatz,
um mit anderen über Lernen zu sprechen

> AH, S. 7

Wörter mit doppelten Buchstaben

1 Erkläre das Gespräch.

> Ich verstehe das nicht. Warum wird **rennen** mit zwei **n** geschrieben?

> So geht es nicht. Der Vokal in der 1. Silbe müsste hell und deutlich sein. Aber es heißt ja nicht **re-nen**.

> So geht es auch nicht. Es heißt ja nicht **ren-en**. Also muss **n** in die 1. und in die 2. Silbe.

2 Sortiere die Wörter.
Schreibe so: nn: rennen, ...

> Hier sind die ersten Silben geschlossen. Der Vokal klingt dunkel und undeutlich.

rennen	müssen	zittern	wollen
retten	sammeln	brüllen	können
bitten	brennen	lassen	küssen
knallen	summen	sollen	kommen

3 Schwingt die Wörter.

4 Schreibe die Wörter aus **3** auf. Sprich deutlich mit.
Markiere den Vokal in der ersten Silbe: fallen, ...

5 Erklärt, wie ihr Wörter mit doppelten Buchstaben richtig schreibt.

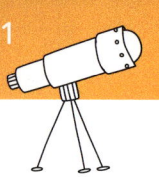
Rechtschreibgespräch   S. 134

- Auf dieser Seite sind alle Wörter richtig geschrieben.
- Du untersuchst die Wörter mit Silbenbögen.
- Du findest eine Stelle im Wort, die du nicht gut hören kannst oder die du schwierig findest. Kreise sie grün ein.
- Du sprichst mit einem Partnerkind darüber.

1 Marie und Ali führen ein Rechtschreibgespräch. Erkläre.

> Das **e** in der 1. Silbe klingt undeutlich. Messer wird mit **ss** geschrieben.

> Ja, das verstehe ich.

Messer

Pinsel

Töpfe

Sommer

2 Schreibe die Wörter auf Kärtchen.

Messer   Pinsel   Töpfe   Sommer

3 Bereite dein Rechtschreibgespräch so vor, wie es oben beschrieben ist.

4 Führt ein Rechtschreibgespräch.

Diese Wörter helfen euch.

klingt wie **a**   wird mit **er** geschrieben   Vokal

undeutlich   2 Silben = 2 Silbenkerne

5 Wie ist euch das Rechtschreibgespräch gelungen?

Richtig schreiben: zeigen Rechtschreibbewusstsein, indem sie nachfragen, Strategien und Rechtschreibkenntnisse gezielt anwenden
Über Lernen sprechen: stellen eigene Lernergebnisse vor und vergleichen sie mit denen anderer I verfügen über Formulierungsroutinen und Wortschatz

> AH, S. 8
> Rechtschreibgespräch, S. 134

Das kann ich jetzt / Mein Lerntagebuch   S. 127

- Am Ende des Kapitels wiederhole ich, was ich gelernt habe.
- Ich überlege, was ich gut kann und was ich noch üben möchte.
- Ich arbeite in meinem Portfolio.

Ich erkenne eine offene Silbe, aber Wörter mit **er** am Ende finde ich schwierig.

Das kann ich jetzt.
Das muss ich noch üben.
Das nehme ich mir vor.
So schätze ich mich selbst ein.
So möchte ich üben.

1 Was musst du in einer Murmelrunde beachten? Schreibe auf.

2 Schreibe die Klassenregeln auf.

3 Schreibe die Vokale auf.

4 Schreibe die Wörter auf.
Setze Silbenbögen und markiere die Silbenkerne.

   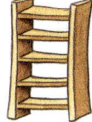   

5 Schwinge die Wörter und schreibe sie auf. Schreibe so:

erste Silbe offen	erste Silbe geschlossen
Leine	...

Leine   Karten   Brote   Leute   Hefte   Türen   Mantel

6 Schreibe Wörter mit **e, el**, **en** und **er** am Ende auf.

Sportarten

1 Erzähle.

Tennis ist mein Lieblingssport. Im Sommer spiele ich draußen, im Winter in der Halle.

Ich mache Judo. Dafür braucht man immer ein Partnerkind. Mit dem Partnerkind übe ich für den weiß-gelben Gürtel.

Wir spielen oft auf dem Bolzplatz Fußball. Meistens stehe ich im Tor. Ich möchte gerne als Torhüterin in einer richtigen Mannschaft spielen.

Ich bin in einem Schwimmverein. Mit meiner Mannschaft nehme ich an Wettkämpfen teil. Dafür trainieren wir regelmäßig.

2 Welche Sportart findest du gut? Begründe.

3 Stelle eine Sportart pantomimisch dar. Die anderen raten.

Das sind meine Notizen.

Was? Handball
Wo? Turnhalle
Wann? ...
Mit wem? ...

4 Berichte über deinen Lieblingssport. Schreibe dazu Notizen auf.

5 Gestalte dazu ein Plakat.

S. 132

Partnerarbeit

1 Erzähle.

Lieblingssportarten Klasse 2c

Fußball Turnen Karate Reiten

Spielst du auch gerne Fußball?

Seid doch mal leiser!

Lass mich mal ausreden!

Und wie war die Partnerarbeit bei euch?

2 Sammle Regeln für die Partnerarbeit. △

3 Gestaltet ein Plakat mit euren Regeln zur Partnerarbeit für die Klasse.

4 Was nimmst du dir für deine nächste Partnerarbeit vor?

S. 124

Sprechen und Zuhören | Gespräche führen: beachten Regeln für gemeinsame Gespräche und Lernen und schaffen eine wertschätzende Gesprächsatmosphäre
Über Lernen sprechen: setzen sich angemessene Ziele für einen kurzen, überschaubaren Zeitraum

> Partnerarbeit, S. 124
> Über Lernen sprechen, S. 127
> Plakate gestalten, S. 132

17

Einen Obstquark zubereiten

1 Betrachte die Bilder und beschreibe.

2 Lies die Sätze. Was fällt dir auf? △

Anschließend rühre ich die Milch in den Quark.

Zum Schluss mische ich den Quark mit den Früchten.

Zuerst stelle ich alle Zutaten auf den Tisch.

Nun gebe ich die Fruchtstücke in den Quark.

Jetzt fülle ich den Quark in die Schüssel.

Danach wasche und schneide ich die Früchte.

> Eins nach dem anderen. Die Satzanfänge helfen dir.

3 Schreibe die Sätze in der richtigen Reihenfolge auf. Unterstreiche die Satzanfänge.

4 Vergleicht.

5 Schreibe einen Einkaufszettel für den Obstquark.

6 Bereitet einen Obstquark zu.

Texte überarbeiten: benennen in eigenen und fremden Texten Gelungenes (Reihenfolge)
Texte schreiben: verfassen eigene informierende Texte und achten dabei auf eine logische Anordnung der Informationen

> AH, S. 10
> Anleitung, S. 130

Obstspieße zubereiten

1 Erzähle.

2 Die Kinder der Klasse 2b stellen Obstspieße her.
Wie würdest du vorgehen? △

3 Was tun die Kinder? Sammelt Wörter:
Bananen schälen, ...

4 Schreibe ein Rezept:
Zuerst stelle ich alle Zutaten auf den Tisch.
Nun ...

5 Stellt in der Klasse Obstspieße her.

6 Sammelt eigene Rezepte.
Gestaltet ein Rezeptbuch.
Achtet auf die richtige Schreibweise.

Diese Wörter helfen dir.

Bananen
Obststücke
Spieße
stecken
...

Das Abc

1 Lies das Abc-Gedicht.

A B C D E	Momo schwimmt im See.
F G H I J	Tauchen kann sie flott.
K L M und N	Fußball spielt der Ben.
O P Q R S	Manchmal hat er Stress.
T U V W X	Tennis spielt Mats fix.
Y und Z	Jona tanzt Ballett.

2 Sprecht das Gedicht zu zweit.
Ein Kind liest das Abc, das andere die Sätze.

3 Schreibe das Abc erst in Großbuchstaben
und dann in Kleinbuchstaben auf.

4 Nenne die fehlenden Buchstaben.
Schreibe sie auf.

5 Welche Buchstabenfolgen kannst du
dir besonders gut merken?

 Die **Vokale** heißen: **A, E, I, O, U**.
Die anderen Buchstaben im Abc
heißen **Konsonanten**.

6 Schreibe alle Konsonanten auf.

20 Sprachgebrauch und | Sprachliche Strukturen untersuchen: unterscheiden Vokale und Konsonanten, | > AH, S. 11/12
Sprache untersuchen | um Laute richtig zu beschreiben I verwenden beim Untersuchen, Beschreiben
und reflektieren | und Anwenden von sprachlichen Strukturen die zutreffenden Begriffe

In der Wörterliste nachschlagen

1 Schreibe diese Wörter auf Karten.
Sortiere sie nach dem Abc. Vergleicht.

Ente   Apfel   Gemüse   Brot   Feder   Dose   Hase

2 Schlage die Wörter aus **1** in der Wörterliste nach.
Schreibe sie mit der Seitenzahl auf: 1. Apfel S. 140, ...

3 Schlage auch diese Wörter in der Wörterliste nach.
Schreibe so: a) Dezember   b) ...

a) der Monat unter D	b) das 1. Tier unter B
c) das letzte Wort unter E	d) das 6. Wort unter R
e) die Jahreszeit unter W	f) das Spielzeug unter J
g) das 4. Wort unter L	h) alle Lebensmittel unter Z

4 Stellt euch gegenseitig Rätsel zur Wörterliste.

5 Schlage die Bilder nach.
Schreibe sie mit der Seitenzahl auf: Kirsche S. 143, ...

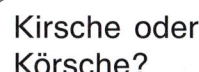
Kirsche oder
Körsche?

kippen, er kippt
die **Kirche**, die Kirchen
die **Kirsche**,
die Kirschen
die **Kiste**, die Kisten
klar

Nachschlagen   S. 136
Wenn ich unsicher bin, wie ein Wort geschrieben wird,
schlage ich es in der **Wörterliste** nach.

weil   in   nun   bei   sind   und

Sprachgebrauch und
Sprache untersuchen
und reflektieren

Richtig schreiben: nutzen das Alphabet beim Nachschlagen
im Wörterverzeichnis

> AH, S. 12
> Wörter nachschlagen,
  S. 136
> Häufigkeitswörter üben, S. 137

21

Wörter mit ie

1 Schwinge die Wörter und schreibe sie ab.
Setze Silbenbögen und markiere
die Silbenkerne in der ersten Silbe.

Riese – Rinde	bieten – bitten
Fieber – Filme	Wiese – Winter

2 Was fällt euch auf? ∽

3 Sprecht euch die Wörter vor. ∽
Wie klingt das **i**, wie das **ie**?

Silbenkern
erste Silbe
offen
geschlossen
Ende ...

Tiere – Tinte	fliegen – finden
Biene – Bilder	Lieder – Linde

4 Was ist dir aufgefallen? △

- In allen Wörtern klingt das **i/ie** gleich.
- In der offenen Silbe klingt das **ie** hell und klar.
- In der geschlossenen Silbe
  klingt das **i** dunkel und undeutlich.

Höre ich ein **i** am Ende der Silbe (offene Silbe),
schreibe ich meist **ie**: Wiese.
Das **ie** klingt hell und klar.

5 **i** oder **ie**? Sprich die Wörter in Silben und schreibe sie auf.
Überprüfe mit Silbenbögen: bilden, ...

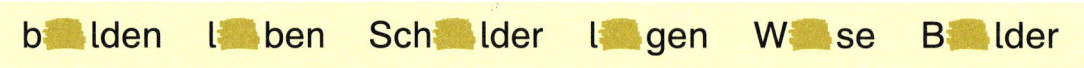

b▮lden l▮ben Sch▮lder l▮gen W▮se B▮lder

22 Sprachgebrauch und
Sprache untersuchen
und reflektieren

Phonologisches und silbisches Prinzip nutzen: schreiben Wörter des
Grundwortschatzes mit <ie> regelgerecht, indem sie die Lautqualität und die
Position am Ende der betonten Stammsilbe überprüfen
Über Lernen sprechen: verfügen über Formulierungsroutinen und Wortschatz

> AH, S. 13

Vokale klingen unterschiedlich

1 Lies den Text.

> Kari und Bu sehen durch das <u>Fenster</u> den <u>Regen</u>.
>
> Da sind auch <u>Wolken</u> und zwei schöne <u>Rosen</u>.
>
> Die <u>Tulpen</u> sind schöne <u>Blumen</u>.
>
> Nun scheint die <u>Sonne</u> auf die <u>Tomaten</u>.

2 Schreibe die unterstrichenen Wörter auf:
Fenster — Regen, ...

3 Setzt Silbenbögen und markiert die Vokale
in der ersten Silbe. Wie klingen die Vokale?
Tauscht euch aus.

hell
dunkel
deutlich
undeutlich

4 Wie klingen die Vokale in der ersten Silbe?
Schreibe die Wörter so auf:

hell	dunkel
Sofa	Sonne

Sofa	Stunde	Feder	Tage	Ente	Sonne

5 Schreibe die Sätze aus **1** als Schleichdiktat.

> **Schleichdiktat   S. 135**
> 1. Ich lege den Text an eine entfernte Stelle im Raum.
> 2. Ich lese einen Teil und merke ihn mir.
> 3. Ich schleiche zu meinem Platz,
>   schreibe und spreche dabei genau mit.
> 4. Zum Schluss hole ich mir den Text
>   und kontrolliere jedes Wort genau.
> 5. Ich verbessere meine Fehler.

Sprachgebrauch und
Sprache untersuchen
und reflektieren

Phonologisches und silbisches Prinzip nutzen: unterscheiden Lautqualitäten
gleich geschriebener Vokale
Richtig schreiben: schreiben planvoll und fehlerlos ab und finden Fehler
durch Vergleichen mit der Vorlage

> Schleichdiktat, S. 135   **23**

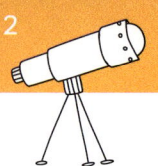
1 Marie und Ali führen ein Rechtschreibgespräch. Erkläre.

> **liegen** wird mit **ie** geschreiben.
> Ich höre ein **i** am Ende der Silbe.
> Die Silbe ist offen.

> Das verstehe ich gut.

liegen · *Biene* · *pinseln* · *Linde*

2 Schreibe die Wörter auf Kärtchen.

liegen	Linde	kriechen	pinseln
riechen	Gipfel	Biene	Zipfel

3 Bereite dein Rechtschreibgespräch vor.

| Silbenbögen | schwierige Stellen | grün einkreisen |

4 Führt ein Rechtschreibgespräch.

| Vokal | undeutlich | klar | offen |

| geschlossen | 2 Silben = 2 Silbenkerne |

5 Berichtet über eure Ergebnisse.

6 Wie ist euch das Rechtschreibgespräch gelungen?

Richtig schreiben: zeigen Rechtschreibbewusstsein, indem sie nachfragen,
Strategien und Rechtschreibkenntnisse gezielt anwenden
Über Lernen sprechen: stellen eigene Lernergebnisse vor und vergleichen
sie mit denen anderer I verfügen über Formulierungsroutinen und Wortschatz

> AH, S. 14
> Rechtschreibgespräch,
  S. 134

1 Welcher Buchstabe im Abc kommt danach?
Schreibe so: a) F G   b) K ...

a) F▮   b) K▮   c) O▮   d) T▮   e) W▮

2 Welche Buchstaben fehlen?

a) C ▮ E   b) J ▮▮   c) ▮ N ▮   d) ▮▮ X
e) ▮ r ▮   f) ▮ h ▮   g) ▮ k ▮   h) ▮▮ u

3 Sortiere diese Namen nach dem Abc.
Schreibe sie geordnet auf.

Kari   Bu   Ole   Ali   Sina   Momo

4 **i** oder **ie**? Sprich die Wörter in Silben und schreibe sie auf.
Überprüfe mit Silbenbögen.

K▮nder   L▮be   sp▮len   S▮lbe   Z▮ge
s▮ben   T▮re   kr▮gen   R▮nder   F▮ber

5 Wie klingen die Vokale in der ersten Silbe?
Schreibe die Wörter so auf:

hell	dunkel
Besen	Sonne

Besen   Sonne   Fenster   Tante   Ruder

6 Schätze dich ein. Was gelingt dir, wo brauchst du
noch Hilfe? Erzähle und schreibe.

Geschichten erzählen

1 Erzähle.

Abenteuer auf dem Spielplatz

2 Überlege dir ein Ende für die Geschichte. △

3 Erzählt eure Geschichte mithilfe der Bilder.
Beachtet dabei die Erzähl- und Zuhörregeln.

Erzählregeln   S. 125
– Ich schaue die Zuhörer an.
– Ich spreche laut und deutlich.
– Ich beantworte Fragen.
– Ich lasse andere ausreden.

Zuhörregeln   S. 125
– Ich verhalte mich ruhig.
– Ich schaue den Erzähler freundlich an.
– Ich denke mit.

4 Wie gut konntest du die Regeln einhalten? Was nimmst du dir vor?

26 Sprechen und Zuhören │ Zu anderen sprechen: erzählen zu einfachen Erlebnissen   │ > Erzählregeln, S. 125
                          │ Verstehend zuhören: richten ihre Aufmerksamkeit bewusst auf das Gesagte │ > Zuhörregeln, S. 125
                          │ entnehmen Beiträgen die wesentlichen Informationen
                          │ Gespräche führen: beachten Regeln für gemeinsame Gespräche

Rückmeldung geben

1 Erzähle.

Mir hat der Junge gut gefallen, weil er so mutig war.

Ich hätte mir gewünscht, dass du mehr erzählst.

Ich würde mich freuen, wenn du lauter sprichst.

Ich fand richtig gut, dass du spannend erzählt hast.

2 Einige Wörter sind in **1** markiert. Überlegt, warum.

Ich beginne die Sätze mit **ich** oder **mir**, wenn ich Rückmeldung gebe.

Rückmeldung geben   S. 125
– Ich bin höflich und lobe.
– Ich gebe Tipps zur Verbesserung.
– Ich begründe meine Meinung.

3 Betrachte die Bilder.

4 Erzählt die Geschichte. Denkt dabei an die Gesprächsregeln.

5 Gebt euch Rückmeldung.

Ideenblitze schreiben

1 Lies die Geschichte.

Alois ist so doof! Wütend stapft Toni durch das Maisfeld.

Alois hat ihn hergeschleppt und dann Angst bekommen.

Einfach abgehauen ist er. So ein Weichei!

Ein Blatt klatscht Toni ins Gesicht.

Er zuckt zusammen. Langsam wird es dunkel.

Zwischen den Pflanzen sammeln sich Schatten.

Toni spürt, wie ihm kalt wird. Er bleibt stehen.

Wo geht es weiter? Raschelt da nicht etwas?

Hinter ihm knackt es. Toni fährt herum …

2 Welcher Satz gefällt dir besonders gut? Begründe.

3 Erzähle einem Partnerkind den Anfang der Geschichte.

4 Überlege dir, wie die Geschichte
weitergehen könnte.
Schreibe deine Ideen auf.

Toni findet …

Angst

…

5 Vergleicht eure Ideenblitze. Gebt euch Rückmeldung.
Welche Idee gefällt euch am besten?

Ideenblitze   S. 128
Ideenblitze helfen mir, eine Geschichte zu planen.
1. Ich sammle Ideen und schreibe sie auf.
2. Ich wähle aus, welche Ideen ich für meine Geschichte brauche.

6 Schreibe deine Geschichte.

Texte planen: sammeln für das eigene Schreiben, auch im Austausch
mit anderen, typische Elemente aus erzählenden Texten
Texte schreiben: verfassen kurze erzählende Texte

> AH, S. 16
> Ideenblitze, S. 128
> Geschichte, S. 129

Eine Leseversammlung durchführen

1 Lisa hat die Geschichte weitergeschrieben. Lies.

> Toni fährt herum. Er sieht aber nichts. Er bekommt Angst.
> Er sieht plötzlich ein Tier. Er kann nicht erkennen, was es ist.
> Er weicht langsam zurück. Auf einmal hoppelt ein kleiner Hase
> aus dem Gebüsch. Angsthase, denkt Toni lachend.

2 Die Kinder führen eine Leseversammlung durch. Erzähle.

Ich gebe dir den Tipp, verschiedene Satzanfänge zu nutzen.

Ich finde deine Geschichte gut, weil Tiere darin vorkommen.

Tipp

Mir gefällt dein Schluss, weil er lustig ist.

Satzanfänge
Plötzlich ...
Auf einmal ...
Jetzt ...

Leseversammlung   S. 131
1. Ich lese meinen Text vor.
2. Die anderen Kinder hören mir zu.
3. Die Zuhörer geben mir Rückmeldung.
4. Ich überarbeite meinen Text.

3 Überarbeite Lisas Text.
Schreibe so: Toni fährt herum. Aber er sieht nichts. Plötzlich ...

4 Führt eine Leseversammlung zu euren Geschichten durch.

5 Wie ist eure Leseversammlung gelungen? Was nehmt ihr euch vor?

Schreiben

Texte überarbeiten: benennen in eigenen und fremden Texten Gelungenes
Über Lernen sprechen: schätzen mit Unterstützung den Erfolg ihres Lernens
sowie der angewendeten Methoden ein

> Leseversammlung, S. 131

29

Nomen erkennen

1 Was kann im Korb sein? Erzähle.

Flasche

süß

lustig

spielen

Äpfel

Jacke

2 Welche Wörter sind Nomen? Begründet.
Schreibt die Nomen auf.

OMA	BLUME	LAUFEN	HOLEN
HUND	PFERD	STIEFEL	TANTE
HOCH	BAUM	GESUND	VOGEL

Alles, was ich anfassen oder haben kann, ist ein Nomen. Nomen schreibe ich groß.

3 Ergänze mit Nomen aus der Wörterliste.

4 Lest und vergleicht. Was fällt euch auf?

> Ein picknick auf der wiese
> Im korb sind getränke und obst.
> Toni breitet eine decke aus.
> Oma und opa bringen das brot.

> Ein Picknick auf der Wiese
> Im Korb sind Getränke und Obst.
> Toni breitet eine Decke aus.
> Oma und Opa bringen das Brot.

! Wörter für Menschen, Tiere, Pflanzen und Dinge
heißen **Nomen**.
Nomen schreibe ich groß:
Lehrer, Hund, Blume, Ball.

5 Suche Nomen, die keine Menschen, Tiere, Pflanzen
oder Dinge sind. Schreibe sie auf.

Nomen erkennen: Artikel

1 Erzähle.

2 Lies die Fragen aus **1** noch einmal.
Welche Wörter stehen vor den Nomen? Schreibe sie auf.

In der Wörterliste stehen die Nomen mit Artikeln.

Wörter für Menschen, Tiere, Pflanzen und Dinge heißen **Nomen**.
Nomen können einen Artikel haben:
der Onkel, das Pferd, die Blume, der Ball

3 Schreibe die Nomen mit Artikel auf.

Frau   Schaf   Klasse   Wolf   Pflanze   Himmel

4 Schreibe die Nomen mit Artikel auf.

      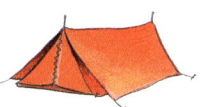

der   die   das   des   da

Sprachgebrauch und
Sprache untersuchen
und reflektieren

Sprachliche Strukturen untersuchen: bestimmen Nomen und Artikel,
indem sie Strategien anwenden | verwenden die zutreffenden Begriffe
Grammatisches Prinzip nutzen: wenden Strategien zum Erkennen
von Nomen an

> AH, S. 17
> Häufigkeitswörter üben,
  S. 137

31

Nomen erkennen: Einzahl und Mehrzahl

1 Was gehört zusammen? Schreibe auf.

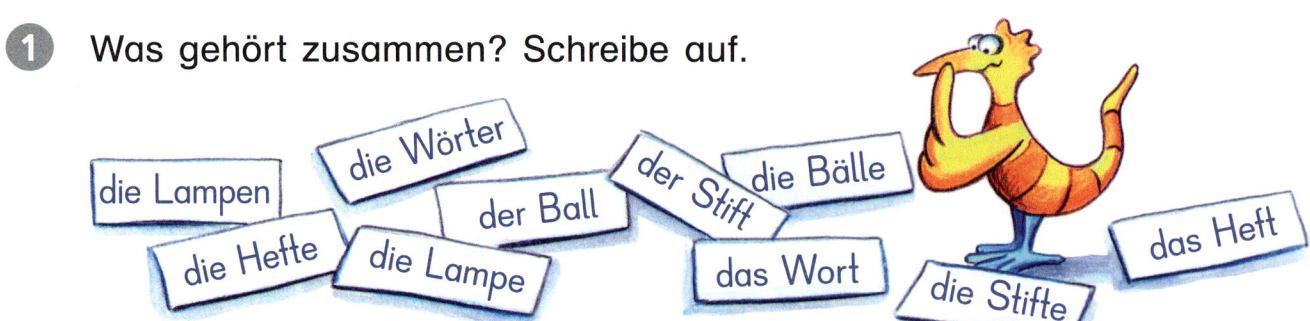

die Lampen · die Wörter · die Hefte · der Ball · die Lampe · der Stift · die Bälle · das Wort · das Heft · die Stifte

2 Was fällt euch auf?

> ! ○
>
> Die meisten **Nomen** gibt es
> in der **Einzahl** und in der **Mehrzahl**.
> das Heft – die Hefte   die Lampe – die Lampen   der Pinsel – die Pinsel

3 Schreibe die Nomen in Einzahl und Mehrzahl auf.
Schreibe so: die Ameise – die Ameisen, …

Ameise   Dose   Frau   Nadel   Auge   Telefon   Frosch

4 Schreibt auch diese Nomen in Einzahl und Mehrzahl auf.
Was fällt euch auf?

Pinsel   Esel   Eimer   Reifen   Kalender   Partner   Fenster

5 Woran erkennst du Nomen?
Sprich so:

Nomen
erkenne ich
daran, dass …

Du brauchst
mindestens
zwei Beweise.

Artikel
Großschreibung
Einzahl
Mehrzahl
anfassen
haben

Sprachgebrauch und
Sprache untersuchen
und reflektieren

Sprachliche Strukturen untersuchen: bestimmen Nomen,
indem sie Strategien anwenden I verwenden die zutreffenden Begriffe
Grammatisches Prinzip nutzen: wenden Strategien zum Erkennen
von Nomen an

> AH, S. 18

Aussprache und Schreibweise beachten

1 Setze **Sp/sp** oder **St/st** ein.
Schreibe die Wörter auf: Spiele, ...

Ich spreche **schp** und schreibe **sp**. Ich spreche **scht** und schreibe **st**.

■iele   ■ehen   ■ielen   ■rechen
■reicheln   ■ein   ■aren   ■unde

2 Schwingt die Wörter.

3 Schreibe die Wörter aus **2** mit Artikel auf.
Achte auf **Sp** und **St**.

4 **K/k** oder **Qu/qu**? Schreibe die Sätze richtig in dein Heft.

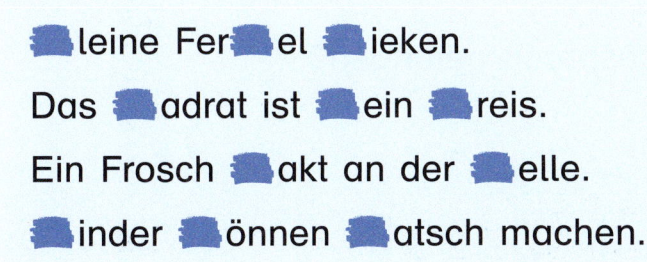
■leine Fer■el ■ieken.
Das ■adrat ist ■ein ■reis.
Ein Frosch ■akt an der ■elle.
■inder ■önnen ■atsch machen.

Hier sprichst du anders, als du schreibst. Aus **kw** wird immer **Qu** oder **qu**.

5 Schreibt mit den Wörtern aus **1** und **3** ein Partnerdiktat.

Partnerdiktat   S. 135
1. Ich diktiere und beobachte mein Partnerkind beim Schreiben.
2. Mein Partnerkind schreibt und spricht leise mit.
3. Bei einem Fehler sage ich „Stopp!".
4. Wir sprechen über den Fehler und verbessern ihn.
5. Wir wechseln uns ab.

Sprachgebrauch und Sprache untersuchen und reflektieren | Phonologisches und silbisches Prinzip nutzen: beachten die Verschiedenheit von Schreibung und Aussprache bei Buchstabengruppen
Richtig schreiben: schreiben planvoll und fehlerlos ab und finden Fehler durch Vergleichen mit der Vorlage | > AH, S. 19
> Partnerdiktat, S. 135   **33**

Sternenforscherseite

1 Schreibe die Wörter auf Kärtchen.

sprechen	Sport	quatschen	streicheln
Stunde	Quelle	Spiele	riechen

2 Bereite dein Rechtschreibgespräch vor.

Silbenbögen   schwierige Stellen   grün einkreisen

3 Führt ein Rechtschreibgespräch.

Vokal   offen   geschlossen   Silbe

2 Silben = 2 Silbenkerne   ich spreche   ich sehe

4 Berichtet über eure Ergebnisse.

5 Wie ist euch das Rechtschreibgespräch gelungen?

6 Schreibt die Wörter aus **1** als

Partnerdiktat.

7 Schreibt diese Wörter auf Kärtchen.
Untersucht sie.

Kinderwagen	Trillerpfeife	Regenbogen
Pausenspiele	Telefonhörer	Blumenwiese

8 Schreibe zu jedem Wort auf, was ihr herausgefunden habt.
Schreibe so:
Kinderwagen: 4 Silben – also 4 Silbenkerne, Kinder hat **er** am Ende

Richtig schreiben: zeigen Rechtschreibbewusstsein, indem sie nachfragen,
Strategien und Rechtschreibkenntnisse gezielt anwenden
Über Lernen sprechen: stellen eigene Lernergebnisse vor und vergleichen sie
mit denen anderer I verfügen über Formulierungsroutinen und Wortschatz

> AH, S. 20
> Rechtschreibgespräch,
S. 134

1 Worauf musst du achten, wenn du eine Geschichte erzählst?
Schreibe auf.

2 Was könnte passieren? Überlege.

3 Schreibe deine Ideen auf.

4 Finde die Nomen. Schreibe sie mit Artikel auf.

LÖWESCHWESTERWASSERRAUPEAMEISEBLÜTESTEINBUCH

5 Welches Nomen passt nicht in die Reihe?
Schreibe die übrigen Wörter mit Artikel auf.

Eiche – Gras – Tanne – Tulpe – Tisch – Baum

Huhn – Hund – Haus – Hahn – Hase – Hummel

6 Schreibe die Nomen mit Artikel in Einzahl und Mehrzahl auf.

7 Schätze dich ein. Was gelingt dir, wo brauchst du
noch Hilfe? Erzähle und schreibe.

Das kann ich jetzt   Über Lernen sprechen: finden heraus, wie sich ihr Lernen entwickelt und wie   > AH, S. 21   **35**
sie noch besser lernen können I schätzen ihren Lernstand ein und setzen   > Das kann ich jetzt,
sich aufgrund der Einschätzung selbst herausfordernde, angemessene Ziele   S. 127

Eine Wundermaschine vorstellen

1 Erzähle.

2 Denkt euch gemeinsam eine Wundermaschine aus.

3 Malt ein Bild von eurer Maschine.

4 Beantwortet zusammen die Fragen.
Schreibt die Antworten auf.
Schreibt so: Unsere Maschine heißt ...

> • Wie heißt eure Maschine?
> • Was kann eure Wundermaschine?
> • Wer braucht die Maschine und wofür?

5 Stellt eure Maschine mithilfe eures Bildes vor.
Beachtet die Erzählregeln.

Erzählregeln
Ich schaue
die Zuhörer an.
Ich spreche laut
und deutlich.

6 Gebt euch Rückmeldung.

Mauern und Bauwerke beschreiben

1 Vergleiche diese beiden Abbildungen.
Erzähle.

2 Was fällt euch auf?

3 Peter hat einen Turm aus Bauklötzen
hinter einem Sichtschutz gebaut.
Viola möchte ihn nachbauen.
Sammelt Wörter, damit ihr den Bau
des Turmes erklären könnt.

vorne

hinten

daneben

...

Zuerst habe ich
drei Würfel und
einen Quader ...

4 Baue einen Turm. Erkläre
einem Partnerkind deinen Turm,
damit es ihn nachbauen kann.

5 Vergleicht eure Türme.
Was ist gleich? Was ist anders?

6 Was habt ihr besonders gut verstanden?
Wo war es schwierig? Warum?

7 Was hilft dir, um den Turm genau
nachbauen zu können?

Sprechen und Zuhören | Verstehend zuhören: bekunden ihr Verständnis der gesprochenen Sprache in konkreten Situationen und geben das Gehörte wieder

37

Ein Experiment beschreiben

1 Kemal und Lisa führen ein Experiment durch.
Erzähle.

2 Führt das Experiment durch und erzählt dabei,
was ihr nacheinander tut.

3 Lest die Anleitung. Was fällt euch auf?

- als Material nur einen Luftballon

- zuerst Luft in den Luftballon

- Luftballon an den Haaren

- Luftballon langsam

- Luftballon Haare an

4 Schreibe die Anleitung für das Experiment
vollständig auf.
Achte auf die Reihenfolge.
Schreibe so: Für das Experiment holst du nur …

5 Lest die Anleitung vor. Gebt euch Rückmeldung.

6 Suche Experimente für Kinder im Internet.

7 Welche Experimente hast du gefunden?
Wie hast du sie gefunden?

Suchen und Verarbeiten

Texte planen und schreiben: verfassen eigene informierende,
beschreibende Texte und achten dabei auf eine logische Anordnung
der Informationen

> Anleitung, S.130

Einen Text überarbeiten

1 Oles Schwester Marie geht immer in sein Zimmer,
wenn er nicht da ist. Nun hat er sich einen Trick ausgedacht.
Was fällt euch auf?

> ### Meine Alarmanlage
> Ich daddele mir ein kleines Kuscheltier.
> Dann daddele ich damit in den Flur.
> Nun daddele ich meine Zimmertür fast.
> Jetzt daddele ich das Tier
> durch den Spalt hinter die Tür.
> Danach daddele ich weg.
> Später daddele ich den Sitzplatz meines Tieres.

2 Lies den Text mit passenden Wörtern,
so dass man den Sinn der Sätze versteht.

3 Probiert den Trick aus.

4 Auf dem Bild seht ihr
Oles Schwester Marie.
Erzählt,
was passiert ist.

5 Überarbeite den Text aus **1**
und schreibe auf,
wie Ole seinen Trick ausführt.
Du kannst diese Wörter verwenden.

| schiebe | gehe | schließe | suche | kontrolliere | gehe |

Schreibe so: Ole sucht sich ein kleines Kuscheltier.

Schreiben | Texte überarbeiten: geben zu Texten einen konkreten Überarbeitungshinweis
Sprache untersuchen: nutzen Wortschatzalternativen in Bezug auf häufig
gebrauchte Wörter | > AH, S. 22 | **39**

Satzzeichen setzen

1 Erzähle.

2 Lies die Sätze laut. Betone so, dass man hört,
mit welchem Satzzeichen der Satz endet.

Jeder Satz beginnt mit einem großen Anfangsbuchstaben.
Am Ende eines **Aussagesatzes** steht ein **Punkt**. **.**
Am Ende eines **Fragesatzes** steht ein **Fragezeichen**. **?**
Am Ende eines **Ausrufesatzes** steht ein **Ausrufezeichen**. **!**

3 Lies und schreibe die Sätze in der richtigen Reihenfolge ab.
Setze die passenden Satzzeichen ein.
Schreibe so: Was soll ich jetzt nur machen?

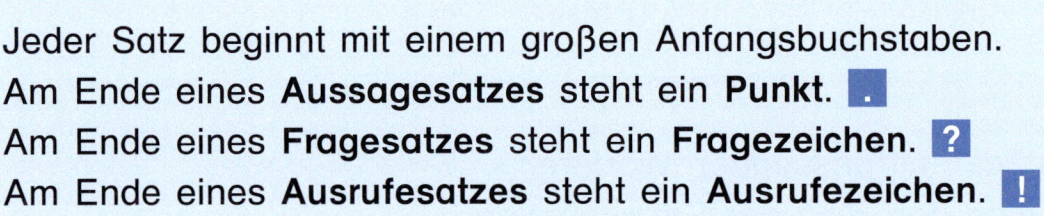

4 Markiere in deinen Sätzen die Satzzeichen.

5 Lest das Gespräch betont vor.

6 Woran erkennst du einen Fragesatz? △

Sprachgebrauch und
Sprache untersuchen
und reflektieren

Sprachliche Strukturen untersuchen: erfassen den Satz als Sinneinheit,
halten Satzgrenzen ein und setzen ein Satzschlusszeichen I verwenden beim
Untersuchen, Beschreiben und Anwenden von sprachlichen Strukturen die
treffenden Begriffe

> AH, S. 23/24

Den Satz als Sinneinheit erfassen

1 Erzähle.

> O, nein!
> Ich habe vier Fehler,
> weil ich immer die Punkte
> vergessen habe.

> Ich kann das ganz gut.
> Du musst herausfinden,
> wann der Satz zu Ende ist.

2 Lest euch die Sätze dreimal vor.
Findet zu jedem Satz das Satzende.

> Olaf kommt nach Hause schnell rennt er
> in die Küche leider ist der Tisch noch
> nicht gedeckt aber das kann er ja tun

3 Wie hast du das Satzende gefunden?
- Ich lese, bis die Wörter zusammen einen Sinn ergeben.
- Ich lese, bis ich eine Pause machen kann.

4 Lies die Satzschlange.

> ich erfinde Spiele wir basteln Karten dafür das ist toll
> wollen wir spielen kommst du mit ich hole Würfel

5 Schreibe die Sätze aus **4**
richtig auf.
Markiere Satzzeichen und
Anfangsbuchstaben der Sätze.

> Denke daran,
> Satzanfänge
> schreibt man groß.

Sprachgebrauch und
Sprache untersuchen
und reflektieren

Sprachliche Strukturen untersuchen: erfassen den Satz als Sinneinheit,
halten Satzgrenzen ein und setzen ein Satzschlusszeichen
Grammatisches Prinzip nutzen: achten auf die Großschreibung
am Satzanfang

> AH, S. 23/24   **41**

Wörter mit undeutlichem r erkennen

1 Lest die Wörter laut. Was fällt euch auf?

Harken    Haken

Sprich und höre genau.

2 Was ist dir in **1** aufgefallen? △

- Die Wörter hören sich ähnlich an.
- Ich muss genau sprechen, um den Unterschied in der Bedeutung zu erkennen.
- Die Wörter beginnen mit dem gleichen Buchstaben.
- Das **r** am Ende der 1. Silbe kann ich nur schlecht hören.

3 Sprich diese Wörter.

Guake?

4 Was fällt dir bei den Wörtern aus **3** auf? △

- Das **r** am Ende der 1. Silbe hört sich wie ein **a** an, wenn ich nicht deutlich spreche.
- Das **r** gehört in die 2. Silbe.

5 Finde zu jedem Wort ein zweisilbiges Wort.
Schreibe so: er hört — wir hören, ...

Bei Nomen nimmst du die Mehrzahl.

er hört   es stürmt   der Wurm   sie turnt   er stört   der Stern

6 Vergleicht die Wörter aus **5**.
Wann könnt ihr das **r** besser hören?

wer   wo   was   dir   wir   durch   für   hier

Sprachgebrauch und Sprache untersuchen und reflektieren

Phonologisches und silbisches Prinzip nutzen: überprüfen durch genaues Lautieren und Hören die richtige Schreibung bei <r> nach Vokal

> AH, S. 25
> Häufigkeitswörter üben, S. 137

Wörter mit ng und nk untersuchen

1 Sprecht die Wörter laut.
Was fällt euch auf?

Rin-de

2 Bei welchem Wort aus **1** hört ihr
das **n** in der 1. Silbe besser?

3 Wie bewegt sich eure Zunge beim Sprechen dieser Wörter?

4 Überprüft eure Beobachtungen an diesen Wörtern.

| Engel | Angel | Ende | Zunge | Junge | Kinder |

5 Was hast du festgestellt?

- Alle Wörter enden mit **el**.
- Bei den Wörtern **Ende** und **Kinder** geht die Zungenspitze
  an den Gaumen, um das **n** zu bilden.
- Bei den Wörtern mit **ng** geht der hintere Teil der Zunge
  an den Gaumen, um das **n** zu bilden. Das **g** wird undeutlich.

6 Vergleicht eure Beobachtungen mit diesen Wörtern.

| Schranke | Geschenke | Blinker |

7 Finde Reimwörter. Sprich sie deutlich und schreibe sie auf.
Schreibe so: Junge – Zunge, ...

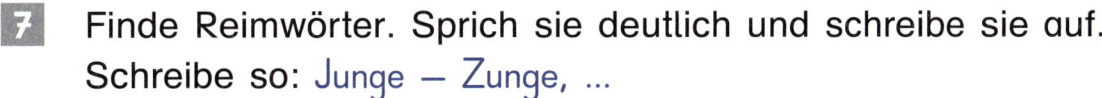

| Junge | singen | trinken | Zange | tanken |

8 Schreibe diese Sätze richtig auf.

Wenn ein Boot ein Leck hat, kann es 🟦.
Im Chor können wir viele neue Lieder 🟦.

| singen | sinken |

Sprachgebrauch und
Sprache untersuchen
und reflektieren

Phonologisches und silbisches Prinzip nutzen: beachten die Verschiedenheit
von Schreibung und Aussprache bei den Buchstabengruppen <ng>, <nk>

43

1 Schreibe die Wörter auf Kärtchen.

dunkel	singen	denken	lernen	schwarz
dürfen	Wort	Rinder	antworten	Turm

2 Bereite dein Rechtschreibgespräch vor.

Silbenbögen	schwierige Stellen	grün einkreisen

3 Führt ein Rechtschreibgespräch.

ich spreche	ich lese	Zunge	Gaumen

2 oder 3 Silben	2 oder 3 Silbenkerne

4 Berichtet über eure Ergebnisse.

5 Wie ist euch das Rechtschreibgespräch gelungen?

6 Schreibe die Wörter aus **1** als

Schleichdiktat   Partnerdiktat.

7 Schreibt diese Wörter auf Kärtchen. Untersucht sie.

Baumwurzel	Wörterliste	Gartenarbeit
Birnenschale	Pferdeapfel	Heuernte

8 Schreibe zu jedem Wort aus **7** auf,
was ihr herausgefunden habt.

9 Schreibe mit jedem Wort aus **1** einen Satz.

Richtig schreiben: zeigen Rechtschreibbewusstsein, indem sie nachfragen,
Strategien und Rechtschreibkenntnisse gezielt anwenden
Über Lernen sprechen: stellen eigene Lernergebnisse vor und vergleichen sie
mit denen anderer I verfügen über Formulierungsroutinen und Wortschatz

> AH, S. 26
> Rechtschreibgespräch,
  S. 134

1 Was musst du bei einer Bauanleitung beachten?

- Ich muss die Reihenfolge beachten.
- Die Reihenfolge der einzelnen Schritte ist egal.
- Eine Zeichnung hilft mir, um zu planen, was ich nacheinander tun muss.

2 Lies die Satzschlange.

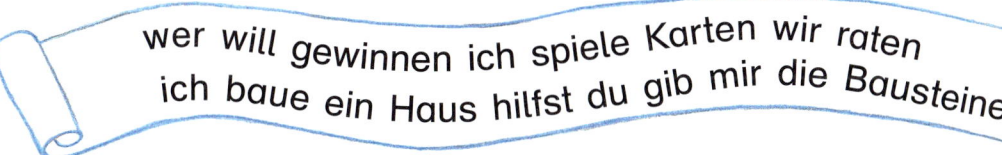

wer will gewinnen ich spiele Karten wir raten
ich baue ein Haus hilfst du gib mir die Bausteine

3 Schreibe die Sätze aus **2** richtig auf.

4 Sprich deutlich. Schreibe die Wörter auf.
Markiere das undeutliche **r**.

5 Schreibe die Wörter ab. Markiere nur das **n** in der 1. Silbe,
welches deine Zunge hinten am Gaumen bildet.

lange　findet　Runden　kranke　klingelt　Hunger

6 Schreibe die Sätze und ergänze mit Wörtern aus **5** .

Im Winter trage ich keine kurzen Hosen, sondern ▨ Hosen.
Wenn es zur Pause ▨ , renne ich auf den Pausenhof.
Mittags komme ich mit ▨ nach Hause.
Beim Sport laufe ich gern viele ▨ .

7 Schätze dich ein. Was gelingt dir, wo brauchst du
noch Hilfe? Erzähle und schreibe.

Das kann ich jetzt　　Über Lernen sprechen: finden heraus, wie sich ihr Lernen entwickelt und wie　　> AH, S. 27　　**45**
sie noch besser lernen können I schätzen ihren Lernstand ein und setzen　> Das kann ich jetzt,
sich aufgrund der Einschätzung selbst herausfordernde, angemessene Ziele　　S. 127

Gefühle erkennen und darstellen

1 Erzähle.

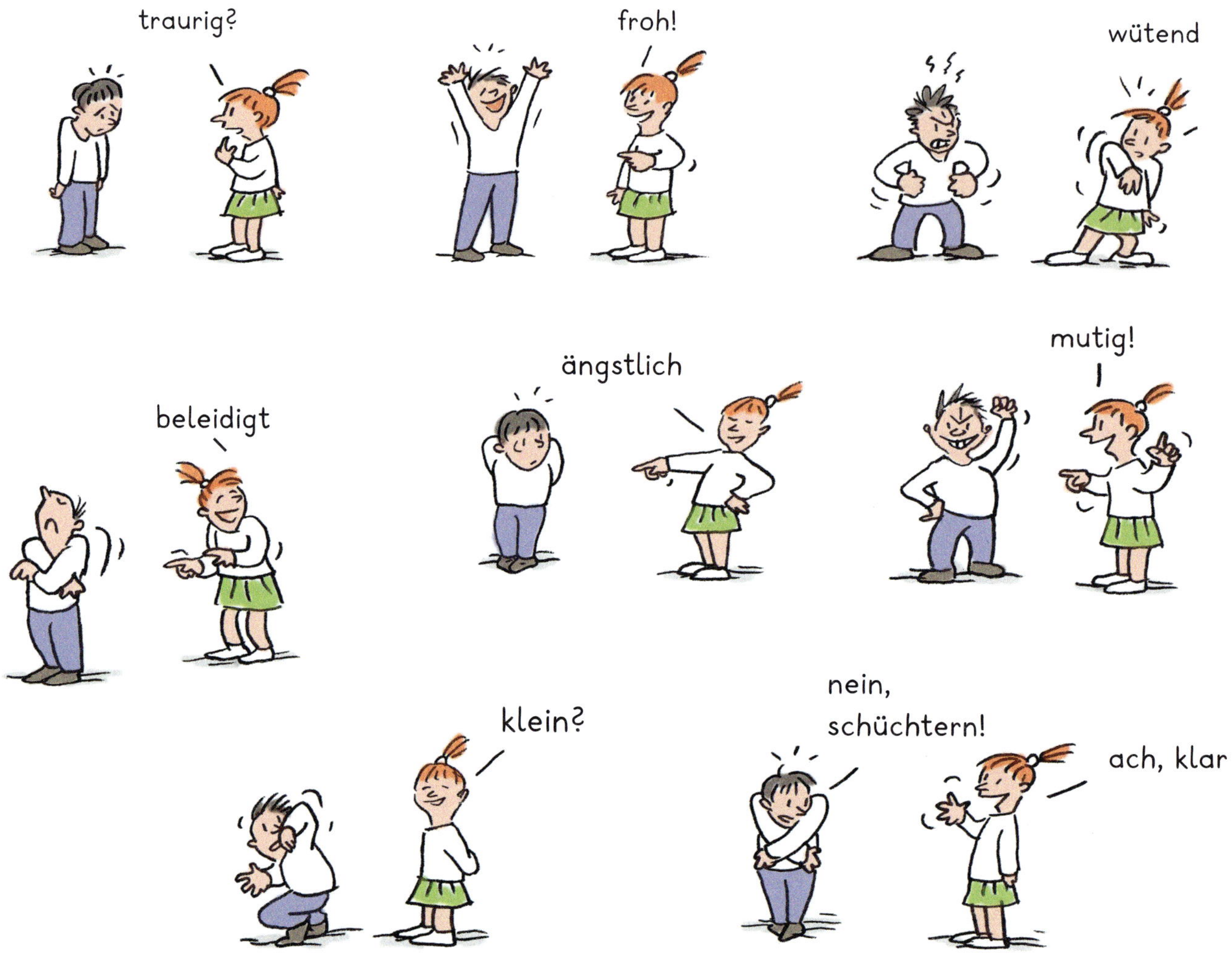

traurig?

froh!

wütend

beleidigt

ängstlich

mutig!

klein?

nein,
schüchtern!

ach, klar

2 Spielt die Gefühle. Die Zuschauer beschreiben das Gefühl.

> Du bist schüchtern.
> Du magst mich nicht anschauen.
> Du wirst rot. Du weißt nicht,
> was du sagen sollst.

3 Fotografiert die Gefühle. Beschreibt, was ihr seht.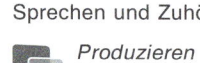

Gefühle ausdrücken und verstehen

1 Erzähle.

2 Wie fühlen sich die Kinder?
Schaut auf Seite 46 nach. Wählt aus.

3 Wie fühlt ihr euch, wenn es Streit gibt?
Was denkt Fiona? Was denkt Samira? Besprecht euch.

4 Samira möchte sich entschuldigen.
Was könnte sie sagen und tun?

5 Spielt die Geschichte nach.
Achtet auf die Stimmen der Kinder
und die Körperhaltungen. Beschreibt.

Sprechen und Zuhören | Gespräche führen: gestalten kommunikative Standardsituationen, indem sie auf bekannte Formulierungen zurückgreifen
Sprachliche Verständigung untersuchen: beschreiben Formen gelingender Verständigung

47

Eine Einladung schreiben

1 Lisa möchte zu ihrem
Geburtstag einladen.
Sie weiß nicht genau,
wie sie das machen soll.
Besprecht euch.

2 Jens hat Lisa eingeladen.
Überprüft mit Karis Checkliste,
ob alle Informationen enthalten sind.

Liebe Lisa,
du bist herzlich zu meinem Geburtstag eingeladen.
Wir treffen uns am Samstag, dem 14.11.,
um 15.00 Uhr am Hallenbad in Kempten.
Bringe bitte deine Schwimmsachen mit.
Ich freue mich auf dich!
Dein Jens

3 Schreibe Lisas Einladung
für die Geburtstagsfeier.
Denke dir alle
Informationen aus.

Das ist bei
Einladungen
wichtig!

Checkliste:
Anrede
Anlass
Datum
Uhrzeit
Ort
Gruß/Name

4 Vergleiche deine Einladung
mit der Checkliste
und unterstreiche
in der entsprechenden Farbe.

48   Schreiben   Texte planen und schreiben: schreiben Texte zu für sie bedeutungsvollen
Themen und nach Impulsen   > AH, S. 28
> Einladung, S. 130

Einladungen überarbeiten und schreiben

1 Lies die Einladungen und erzähle.

> Ich lade dich zu meinem Geburtstag ein.
> Wir feiern ein Piratenfest.
> Komme am Freitag, dem 21.10.,
> zu mir nach Hause.
> Verkleide dich als Piratin oder Pirat.
> Das wird ganz toll!
> Ich freue mich
> auf dich!

Einladung

> Liebe Inga,
> ich lade dich ein.
> Wir machen eine tolle
> Schatzsuche im Wald.
> Bringe deine Gummistiefel mit
> und komme um 15.00 Uhr.
> Liebe Grüße!
> Dein Christian

2 Was fällt euch auf?

3 Vergleiche eine Einladung mit der Checkliste von Seite 48. Schreibe die Einladung richtig auf.

4 Plane und schreibe eine eigene Einladung. Achte darauf, dass du deinen Freunden alles aufschreibst, was sie wissen müssen. Tipp: Schau auf Seite 48 nach.

5 Überprüft eure Einladungen in der Leseversammlung. Überarbeite und gestalte deine Einladung.

> Du kannst zum Sportfest, Kostümfest, Fußballturnier, Filmabend, … einladen.

Nomen im Satz erkennen

1 Findest du alle Nomen?
Was hilft dir dabei? △

BLUME	UND	KLEIN	NAME	REGEN
BLÜTE	DER	SALZ	SIND	WURZEL

Nomen können einen Artikel haben.

2 Finde die Nomen mit der Artikelprobe in den Sätzen.
Schreibe die Sätze mit bestimmten Artikeln auf:
Die Kinder wünschen sich das Eis.

Kinder wünschen sich Eis.	Elefanten trinken Wasser.
Pferde brauchen Heu.	Löwen jagen Zebras.
Eichhörnchen jagen Tauben.	Vögel fressen Würmer.

3 Wie kannst du noch Nomen erkennen? △

Der Artikel steht oft genau vor dem Nomen.

Nomen kann ich ....

4 Untersucht folgende Sätze. 👤👤

Der Junge streichelt die kleine Maus.

Die frisch gestrichene Bank ist noch feucht.

5 Erfindet eigene Sätze wie in **4**.
Markiert die Nomen. 👤👤

Bestimmte und unbestimmte Artikel unterscheiden

1 Erzählle.

Schau mal,
ich habe ein Kaninchen
im Garten gefunden.
Das ist doch
das Kaninchen
vom Nachbarn!

2 Vergleicht die Sprechblasen. Was fällt euch auf?

3 Ordnet die beiden Sätze den Sprechblasen zu.
Begründet eure Entscheidung.

Satz 1: Julia hat ein Kaninchen im Garten gefunden.
Satz 2: Nina erklärt, wem es gehört.
Es ist ein ganz bestimmtes Kaninchen.

Es gibt **bestimmte** Artikel: der, die, das.
Es gibt **unbestimmte Artikel:** ein, eine.

!

4 Schreibe die Nomen mit bestimmtem und unbestimmtem Artikel auf: der Rabe – ein Rabe, ...

Rabe   Katze   Pferd   Hase   Raupe   Schwein

5 Sortiert eure Ergebnisse sinnvoll. Was fällt euch auf?

6 Setze **der, die, das, ein** oder **eine** passend ein.

Jan hat ___ Freundin. ___ Freundin heißt Gabi.
Gabi hat ___ Kaninchen. ___ Kaninchen heißt Floppi.
Im Garten läuft ___ Hund. ___ Hund jagt Floppi.

Wörter mit Auslautverhärtung weiterschwingen

1 Johanna und Andreas führen ein Rechtschreibgespräch. Erzähle.

> Ich bin mir nicht sicher. Schreibt man Hun**t** oder Hun**d**?

> Da musst du weiterschwingen: Hunde. Jetzt hörst du das **d**. Das ist der Beweis.

> Hunde

> Kind
> Mond

! Wenn ich unsicher bin, wie ein Wort am Ende geschrieben wird, muss ich **weiterschwingen**.
Bei Nomen bilde ich die Mehrzahl:
Hun $\frac{t}{d}$ – Hunde, also Hun**d** mit **d**

> weiterschwingen

---

2 Schwinge weiter.
Schreibe so: Hunde – also Hun**d** mit **d**, ...

Hun▪   Mon▪   Leopar▪   Kin▪   Schil▪   Bil▪   Hem▪

3 **t** oder **d**? Schwinge die Wörter weiter.
Sortiere sie.

Aben▪   Bro▪   Fel▪   Klei▪   Pake▪   Automa▪

4 Erklärt, warum ihr **t** oder **d** geschrieben habt.

Ü

dich   nicht   nach   doch   schon   um

Morphologisches Prinzip nutzen: finden gleiche Wortstämme in Wörtern und schreiben Umlaute und Verhärtungen richtig

> AH, S. 31
> Häufigkeitswörter üben, S. 137

Wörter mit Auslautverhärtung weiterschwingen

1 Erzähle.

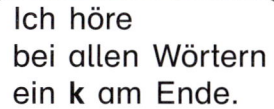
Ich höre bei allen Wörtern ein **k** am Ende.

Das geht genauso. Du musst weiterschwingen: Berge – also Ber**g** mit **g**!

2 **k** oder **g**? Schwinge weiter.
Schreibe so: Berge, also Ber**g** mit **g**, ...

Ber$\frac{k}{g}$ Zwer$\frac{k}{g}$ Geschen$\frac{k}{g}$ Zwei$\frac{k}{g}$ Zu$\frac{k}{g}$ We$\frac{k}{g}$

3 Sortiere deine Ergebnisse. Erkläre deine Sortierung.

4 Welche Buchstaben gehören in die Lücken? Erklärt.

 Sie█    Kor█   Mikrosko█    Urlau█

Manchmal klingt ein Wort am Ende anders, als es geschrieben wird.
Wenn ich das Wort weiterschwinge und in Silben spreche,
höre ich den richtigen Laut genau.
Ber$\frac{k}{g}$ – Berge, also Ber**g** mit **g**

!

5 Wie werden die Wörter geschrieben? Wie findet ihr das heraus?
Schreibt die Sätze auf.

Familie Findenix sucht jeden Ta█ etwas.
Opa sucht das Sie█.
Papa sucht seinen Hu█.

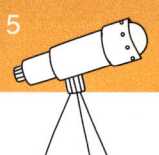 

Sternenforscherseite

1 Schreibe die Wörter auf Kärtchen.

> Achtung, Aufpass-Stellen am Wortende! d, g, b, ...

| Bub | Hund | Kind | Tag | krank |

| Brot | bunt | Wind | Weg | laut |

2 Lies, wie du ein Rechtschreibgespräch vorbereitest.

- Du untersuchst die Wörter mit Silbenbögen.
- Du findest eine Stelle im Wort, die du nicht gut hören kannst oder die du schwierig findest. Kreise sie ein.
- Du findest eine Stelle im Wort, die du anders siehst, als du sie hörst. (Ich sehe Hun**d**. – Ich höre/spreche Hun**t**.)
- Diese Stelle ist eine **Aufpass-Stelle**, die du mit der Strategie erklären kannst. Kreise sie ein.

3 Bereite dein Rechtschreibgespräch vor.

4 Lies, wie du ein Rechtschreibgespräch führst.

Du sprichst mit einem Partnerkind über die Wörter
Ihr erklärt euch gegenseitig die eingekreisten Stellen.
Deine schwierigen Stellen markierst du grün.
Aufpass-Stellen, die ihr euch erklären könnt, markierst du orange.

5 Führt ein Rechtschreibgespräch.

| ich sehe | ich höre | ich spreche | ich schwinge weiter |

6 Berichtet über eure Ergebnisse.

7 Wie ist euch das Rechtschreibgespräch gelungen?

Richtig schreiben: zeigen Rechtschreibbewusstsein, indem sie nachfragen, Strategien und Rechtschreibkenntnisse gezielt anwenden
Über Lernen sprechen: stellen eigene Lernergebnisse vor und vergleichen sie mit denen anderer I verfügen über Formulierungsroutinen und Wortschatz

> AH, S. 32
> Rechtschreibgespräch, S. 134

1 Lies den Anfang der Einladung.
Schreibe sie weiter.

> Annas Geburtstag
> zaubern
> 11.12.2020
> 15 Uhr
> Marktstr. 12

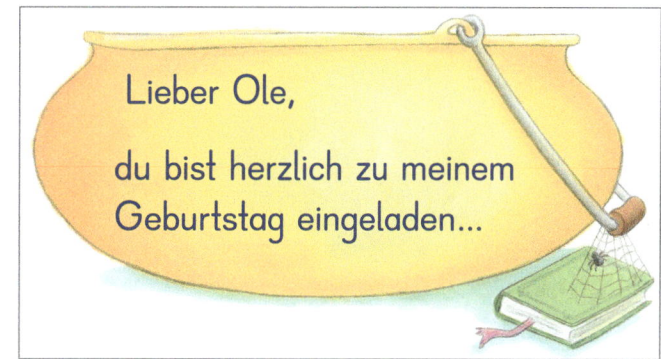

Lieber Ole,

du bist herzlich zu meinem Geburtstag eingeladen...

2 Schreibe die Nomen mit bestimmtem Artikel auf.

Ball	Haus	Kerze	Garten	Teller	Wohnung	Haustier
Torte	Kind	Tisch	Zimmer	Besuch	Geschenk	Einladung

3 Schreibe die Nomen aus **2** mit unbestimmtem Artikel auf.

4 Schwinge die Nomen weiter.
Schreibe sie in Einzahl und Mehrzahl auf.
Schreibe so: die Zweige – der Zweig, ...

5 Schreibe die Sätze richtig auf. Verbinde den Artikel mit dem Nomen.

> Tom feiert ein tolles waldfest.
> Die vielen kinder freuen sich über die spannende schatzsuche.
> Danach stellen sie die schmutzigen stiefel vor die Haustür.
> Der große kuchen ist schnell aufgegessen.

Schreibe so: Tom feiert ein tolles Waldfest.

6 Schätze dich ein. Was gelingt dir, wozu brauchst du
noch Hilfe? Erzähle und schreibe.

Von Träumen erzählen und zuhören

1 Erzähle.

2 Lies die Sprechblasen.

> Ich möchte gern Astronaut werden, weil ich dann berühmt bin.

> Ich möchte gern Schwimmerin werden, weil ich dann jeden Tag im Schwimmbad sein kann und bei Wettkämpfen schwimmen kann.

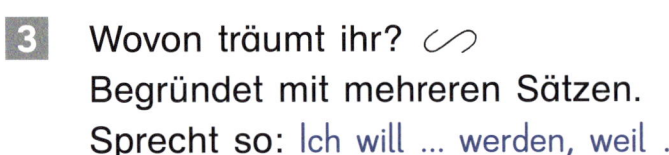

3 Wovon träumt ihr?
Begründet mit mehreren Sätzen.
Sprecht so: Ich will … werden, weil …

4 Stellt eure Träume vor.
Beachtet die Zuhörregeln.

5 Fragt nach, wenn ihr
noch mehr wissen wollt.

Zuhörregeln
Ich höre zu.
Ich schaue
den Erzähler an.
Ich denke mit.
Ich frage nach.

Geschichten erzählen

1 Lest die Sätze. Was fällt euch auf?

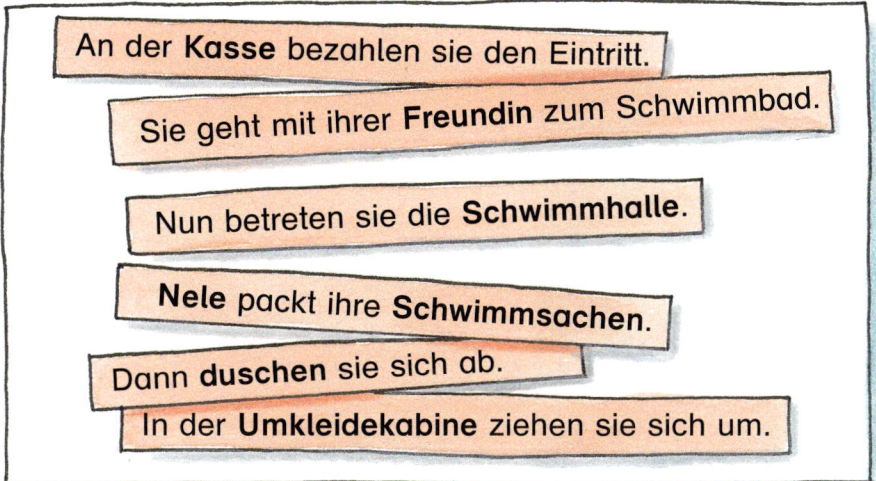

An der **Kasse** bezahlen sie den Eintritt.

Sie geht mit ihrer **Freundin** zum Schwimmbad.

Nun betreten sie die **Schwimmhalle**.

Nele packt ihre **Schwimmsachen**.

Dann **duschen** sie sich ab.

In der **Umkleidekabine** ziehen sie sich um.

Stichwörter helfen dir, eine Geschichte nachzuerzählen.

2 Schreibe die fett gedruckten Wörter auf Papierstreifen. Sortiere sie in der richtigen Reihenfolge.

3 Erzählt den Text aus **1** mithilfe der Stichwörter aus **2** nach. Beachtet die Erzähl- und Zuhörregeln.

4 Paul hat einen Wortstreifen entfernt und sich etwas anderes ausgedacht. Erzähle.

Nele   Schwimmsachen

Freundin

Umkleidekabine

duschen

Schwimmhalle

An der Kasse sitzt ein Känguru. Es begrüßt sie freundlich. Sie bezahlen und wundern sich: Was ist hier los? ...

5 Legt die Papierstreifen aus **2** vor euch hin. Nehmt einen Streifen weg. Erfindet dafür ein ungewöhnliches Ereignis. Erzählt.

6 Gebt euch Rückmeldung.

Sprechen und Zuhören | Zu anderen sprechen: erzählen eigene Erlebnisse, begründen ihre Meinung I bereiten eigene Beiträge vor, indem sie einfache Notizen verwenden, ihre Vorträge einüben und Rückmeldungen beachten

57

Eine Geschichte planen

1 Erzähle.

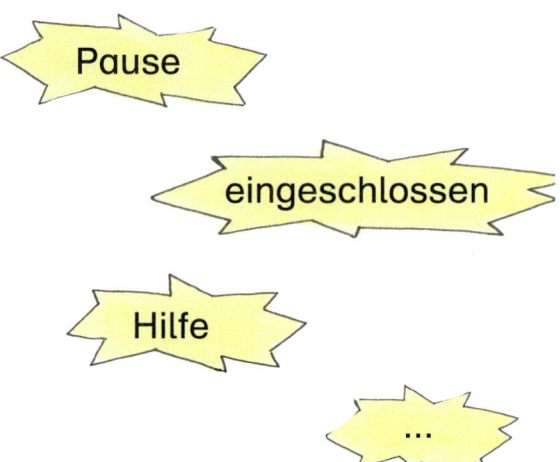

2 Lies und erkläre.

Schreibidee	Eingeschlossen in der Toilette
Anfang	So ein Mist! Ronja ist in der Toilette eingeschlossen und kommt nicht mehr heraus.
Was nun?	• auf dem Boden knien • unter der Tür durchschauen • Mitschüler laufen zurück zur Klasse
Was nun?	*Ronja unternimmt etwas:* *(Entscheide dich für eine Möglichkeit!)* • um Hilfe rufen, an der Tür klopfen • das Fenster öffnen • versuchen, die Tür aufzubrechen
Was nun?	*Ronja wird befreit/befreit sich selbst. (Entscheide dich!)* • Kinder kommen zur Toilette, hören Ronja • Putz-Team findet Ronja nachmittags • ...
Ende	*(Denke dir ein eigenes Ende aus.)*

3 Erzählt eure Geschichten.

S. 129 **4** Schreibe deine Geschichte. Nutze die Ideen aus .

Texte planen: sammeln für das eigene Schreiben, auch im Austausch mit anderen, typische Elemente aus erzählenden Texten

> AH, S. 34
> Texte formulieren, S. 129
> Schreibplan, S. 128

Eine Geschichte überarbeiten

1 Lies Momos Geschichte.

> Die Idee gefällt mir.

> Passt die Überschrift?

> Da fehlt doch was.
> Ich habe Fragen.

> ### Der Schultag
> Gestern war ich in der Schule.
> Ich habe mich auf der Toilette versteckt.
> Keiner hat mich gefunden.
> Ich habe gewonnen.

2 Führt eine Leseversammlung durch.
Was fällt euch auf?

3 Welche Überschrift passt zu Momos Geschichte? Begründet.

Pausenspiele   Ein tolles Versteck   ...

4 Überarbeite Momos Geschichte.
Schreibe sie mit einer passenden Überschrift
und ergänze die fehlenden Informationen.

5 Führt eine Leseversammlung
zu euren Geschichten
von Seite 58 durch.
Sind eure Geschichten
vollständig?

6 Überarbeite deine Geschichte von Seite 58.

7 Was willst du bei deiner nächsten Geschichte beachten?

Schreiben   Texte überarbeiten: nehmen eine Anregung für die Überarbeitung auf   > Leseversammlung,   **59**
und setzen sie um I setzen sich aufgrund der Rückmeldungen ein Ziel für   S. 131
ihre nächsten Texte

Verben erkennen

1 Erzähle.

Name					
Tina		X		X	
Kari		X			X
Asterix		X	X		
Bibi				X	X

2 Spielt vor, was jeder tut. Die Zuschauer raten.
Beschreibt, was ihr beim Spiel beobachtet.

!

Wörter wie reiten, lesen, trinken, zaubern heißen **Verben**.
Verben sagen, was jemand *tut* oder was *geschieht*.

---

3 Lies die Sätze.
Schreibe sie mit den passenden Verben aus **1** auf.
Unterstreiche, was jeder tut.

Bibi und Tina ▰ so schnell wie der Wind.
Tina und Kari ▰ spannende Bücher.
Kari ▰ tolle Dinge.
Asterix ▰ den Zaubertrank.

4 Schreibe auf, was die Helden in **1** tun.
Schreibe so: Tina liest. ...

5 Schreibe auf, was du gerne tust.
Schreibe so: Ich ...

Sprachliche Strukturen untersuchen: verwenden Verben in der passenden Personalform I verwenden beim Untersuchen, Beschreiben und Anwenden von sprachlichen Strukturen die treffenden Begriffe

> AH, S. 35

Verben erkennen und untersuchen

1 Lies. Betrachte die unterstrichenen Wörter.
Was fällt dir auf? △

> Ich <u>male</u> einen Zauberer.
> Ali <u>malt</u> einen König.
> Wir <u>malen</u> einen Clown.
> Wen <u>malst</u> du?

Hier arbeiten wir mit Wortbausteinen und nicht mit Silben.

> Verben verändern sich. Es kommt darauf an, wer etwas tut.
> Aus der **Grundform** *malen* wird
> ich mal|e| — du mal|st| — er/sie/es mal|t| — wir mal|en|
> Die Endungen |e|, |st|, |t|, |en| sind **Wortbausteine**.

!

2 Schreibe die Sätze ab. Ergänze die Lücken.
Unterstreiche die Verben. Markiere in den Verben
jeweils den Wortbaustein am Ende.

> ▨ baue eine Burg.   Was bau▨ er?   ▨ baut ein Schloss.
> Wir bau▨ gern.   Was baust ▨?   Sie bau▨ auch.

3 Welche Wörter sind Verben? ∽

> LAUFEN   KRANK   HOSE   GUT
> SCHNEIDEN   RUFEN   QUALM

tun

machen

Wortbausteine am Ende

4 Woran erkennst du Verben? △
Sprich so: Verben erkenne ich daran, dass …

ich du er sie es

Verben weiterschwingen

1 Erzähle.

Schreibe ich frakt oder fragt?

Du musst weiterschwingen: wir fragen – also fragt mit **g**.

2 Lies die Sätze.
Welche Buchstaben gehören in die Lücken? Erkläre.

Malte fra$_g^k$t. Sofie gi$_b^p$t ihm die Antwort. Ole lo$_b^p$t sie.

3 Nutze die Strategie Weiterschwingen.
Schreibe die Wörter richtig auf.
Schreibe so: wir springen – also springt mit g, ...

sprin$_g^k$t den$_g^k$t blei$_b^p$t schrei$_b^p$t trin$_g^k$t ü$_b^p$t le$_g^k$t

4 Was tut Kari?
Schreibe die Sätze richtig auf.
Schreibe so: am Strohhalm saugen – Er saugt am Strohhalm.
              den Onkel fragen   – ...

am Strohhalm saugen   in der Luft schweben   im Wald toben
den Onkel fragen   im Haus leben   eine Maus jagen

5 Unterstreicht die Verben in euren Sätzen aus **4**.
Beschreibt, was euch auffällt.

Morphologisches Prinzip nutzen: finden gleiche Wortstämme in Wörtern und schreiben Umlaute und Verhärtungen richtig

> AH, S. 36

Besondere Wörter mit V/v schreiben

1 Erzähle.

> Warum schreibt man **V**ulkane eigentlich mit **V**? Ich höre doch am Anfang ein **w**.

> Du kannst nicht erklären, warum **V**ulkan mit **V** geschrieben wird. Das Wort musst du nachschlagen und dir merken.

2 **V/v**, **W/w** oder **F/f**? Schlage die Wörter in der Wörterliste nach. 📖
Markiere die Aufpass-Stelle rot.
Schreibe so: Vater S. 146, …

> Findest du ein Wort in der Wörterliste unter F/f oder W/w nicht, suchst du unter V/v.

■ater   ■ase   ■ahrrad   ■ideo
bra■   ■ippe   Pullo■er   ■iele

3 Sortiere die Wörter. Schreibe so:
Ich höre **w** und schreibe V/v: …   Ich höre **f** und schreibe V/v: …

Violine   Veilchen   vorbei   Klavier   Vase   Vogel   vor

4 Übe die besonderen Wörter dieser Seite wie auf Seite 138.

> Wörter mit **V/v** sind besondere Wörter, die ich mir merken muss.
> Bin ich mir nicht sicher, wie das Wort geschrieben wird, schlage ich das Wort nach.
> Ich schreibe das Wort auf, markiere die Aufpass-Stelle rot und spreche die Besonderheit. („**Vater** schreibe ich mit **V**.")

!

Ü

Vase   Vater   viel   Vogel   vor

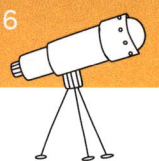 
1 Lies den Text. Schreibe die markierten Wörter auf Kärtchen.

Marie ⬚zeigt⬚ auf die ⬚Wetterkarte⬚ .

Der Regen ⬚hört⬚ ⬚vor⬚ morgen nicht ⬚auf⬚ .

Sie ⬚bleibt⬚ ⬚lieber⬚ im Haus.

> Achtung, Aufpass-Stellen gi**bt** es auch mitten im Wort!

2 Lies, wie du ein Rechtschreibgespräch vorbereitest.

- Du untersuchst die Wörter mit Silbenbögen.
- Du findest eine Stelle im Wort, die du nicht gut hören kannst oder die du schwierig findest. Kreise sie ein.
- Du findest eine Stelle im Wort, die du anders siehst, als du sie hörst. (Ich sehe Hun**d**. – Ich höre/spreche Hun**t**.) Diese Stelle ist eine **Aufpass-Stelle**, die du mit der Strategie ⬚ erklären kannst. Kreise sie ein.
- Es gibt Aufpass-Stellen, die du nicht erklären kannst (**V**ogel). Diese besondere Stelle musst du dir merken. Ⓜ Kreise sie ein.

3 Bereite dein Rechtschreibgespräch vor.

4 Lies, wie du ein Rechtschreibgespräch führst.

- Du sprichst mit einem Partnerkind über die Wörter.
- Ihr erklärt euch gegenseitig die Wörter.
- Deine schwierigen Stellen markierst du grün.
- Aufpass-Stellen, die ihr euch erklären könnt, markierst du orange.
- Aufpass-Stellen, die ihr euch merken müsst, markierst du rot.

5 Führt ein Rechtschreibgespräch.

| ich sehe | ich höre | ich spreche | ich schwinge weiter |

Richtig schreiben: zeigen Rechtschreibbewusstsein, indem sie nachfragen, Strategien und Rechtschreibkenntnisse gezielt anwenden
Über Lernen sprechen: stellen eigene Lernergebnisse vor und vergleichen sie mit denen anderer I verfügen über Formulierungsroutinen und Wortschatz

> AH, S. 38
> Rechtschreibgespräch, S. 134

1 Lies den Anfang der Geschichte. Schreibe weiter.

> Am Nachmittag geht Jan zu Maria.
> Ihre Eltern sind nicht zu Hause.
> Plötzlich hören beide ein lautes,
> unheimliches Geräusch.
> Was ist das?
> Maria und Jan klettern die Treppe
> zum Dachboden hinauf. ...

2 Finde eine passende Überschrift zu deiner Geschichte aus **1** .

3 Schreibe die fünf Nomen und die fünf Verben auf.
Schreibe so: Nomen: … Verben: …

HOLEN   ZELT   SUCHT   GARTEN   DENKST   RING

ZAUBERER   FÜLLER   SCHWEBT   ZAUBERT

4 Schreibe die Verben in der Personalform mit
ich, **du**, **er** und **wir** auf. Markiere jeweils die Endung.

schwingen   glauben   zeigen   danken   bringen

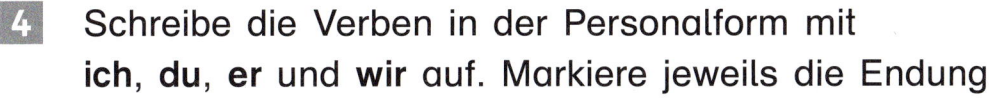

5 Lies die Sätze. Schreibe sie richtig auf.

Er pfle^kg t sein Pferd.

Sam schen^kg t Oma eine Blume.

Imke we^pb t einen Teppich.

Er he^pb t einen Stein auf.

6 Schätze dich ein. Was gelingt dir, wo brauchst du
noch Hilfe? Erzähle und schreibe.

Das kann ich jetzt | Über Lernen sprechen: finden heraus, wie sich ihr Lernen entwickelt und wie sie noch besser lernen können I schätzen ihren Lernstand ein und setzen sich aufgrund der Einschätzung selbst herausfordernde, angemessene Ziele | > AH, S. 39
> Das kann ich jetzt,
  S. 127 | **65**

Zu einem Thema erzählen und fragen

1 Erzähle.

2 Suche dir ein Tier aus.
Was gefällt dir an diesem Tier? 🖐

> Ich habe das noch nicht verstanden.
> Kannst du mir das bitte …?

3 Erzählt euch gegenseitig von dem Tier.
Stellt Fragen und beantwortet sie.

4 Worauf achtest du, wenn du
deinem Partnerkind Fragen stellst? △

S. 132 **5** Gestalte ein Plakat zu deinem Lieblingstier.

Einen Vortrag vorbereiten

1 Erzähle.

Haflinger sind braune Pferde mit heller Mähne und hellem Schweif. Sie erreichen eine Größe von 133–155 cm. Man sollte das Fell der Haflinger regelmäßig striegeln und ihre Hufe auskratzen. Haflinger fressen Heu, Stroh und Gras. Sie brauchen nur wenig Kraftfutter. Sie leben im Stall oder auf der Weide. Haflinger brauchen regelmäßig Bewegung.

2 Lies die Informationen.
Ordne sie den Oberbegriffen zu.
Kari hilft dir dabei.

3 Lara möchte in ihrer Klasse über Haflinger berichten. Worauf muss sie beim Vortragen besonders achten? △

Oberbegriffe

Name
Aussehen
Lebensweise
Nahrung
Pflege

S. 126

4 Schreibe für Lara einen Notizzettel.
Nutze die Markierungen in **1**.
Schreibe so: Haflinger, ...

5 Bereite deinen Vortrag zu einem Tier vor.

6 Übt euren Vortrag.

7 Haltet den Vortrag. Denkt an Betonung und Sprechpausen. Gebt euch Rückmeldungen.

8 Was bezeichnet man in der Pferde-Fachsprache als **Fuchs**? Informiere dich in Büchern oder im Internet.

Sprechen und Zuhören | Zu anderen sprechen: bereiten eigene Beiträge vor, indem sie einfache Notizen verwenden, ihre Vorträge einüben und Rückmeldungen beachten I sprechen bei Vorträgen verständlich und deutlich zu anderen, setzen beim Sprechen sinnvolle Pausen und heben das Wichtige durch Betonung hervor | > Einen Vortrag halten, S. 126 | 67

Suchen und Verarbeiten

Einen Steckbrief schreiben

1 Lies die Texte.

Neonfische fallen in jedem Aquarium durch ihre leuchtend bunten Streifen am Körper auf. Sie gehören zu den beliebtesten Zierfischen. Neonfische werden bis zu 4 cm lang.

Sie verstecken sich sehr gern in Wasserpflanzen und leben in einem Schwarm. Gefüttert werden sie mit Zierfisch-Futter. Das erhält man im Zoo-Fachgeschäft.

Das Aquariumwasser muss oft kontrolliert und gesäubert werden. Es sollte eine Temperatur von 20°C bis 24°C haben.

Steckbrief

Name: Neonfisch
Aussehen: — bis zu 4 cm lang
              — leuchtend bunte
                Streifen am Körper
Lebensweise: — Aquarium mit
                Wasserpflanzen
              — 20°C bis 24°C
                warmes Wasser
              — lebt im Schwarm
Nahrung: Zierfisch-Futter
Pflege: — füttern
              — Aquarium säubern
              — Wasser kontrollieren

2 Vergleicht die Texte.
Was fällt euch auf?

3 Lies den Text.

Zierschildkröten können sehr alt werden. Sie werden zirka 15 cm lang. Sie leben im Aquarium. Ihr Körper hat interessante Muster. Sie brauchen auch einen trockenen Bereich, in dem sie sich aufhalten können. Außer Schildkröten-Futter fressen sie gern Salat und Fischstückchen. Sie brauchen warmes und sauberes Wasser und eine Wärmelampe.

4 Ordne die markierten Stellen den Oberbegriffen zu.

S. 129 **5** Schreibe einen Steckbrief über Zierschildkröten.

Texte planen und schreiben: verfassen eigene informierende, beschreibende
Texte und achten dabei auf eine logische Anordnung der Informationen
> AH, S. 40
> Steckbrief, S. 129

Einen Steckbrief veröffentlichen

1 Lest den Steckbrief. Was fällt euch auf?

2 Informiere dich im Internet oder in der Bücherei
über dein Lieblingstier.

3 Schreibe einen Steckbrief über dein Tier.

Steckbrief (S. 129)

- Ich schreibe mit leserlicher Schrift.
- Ich finde eine Überschrift.
- Ich benutze Oberbegriffe und Stichwörter:
  Ein **Oberbegriff** sammelt Unterbegriffe
  (Tiere: Hunde, Katzen).
  Ein **Stichwort** ist ein Wort, mit dem ich mir
  mehrere Dinge merken kann.
- Ich halte eine sinnvolle Reihenfolge ein.

4 Führt eine Leseversammlung durch.

5 Gestalte deinen Steckbrief und präsentiere ihn.

Schreiben

*Suchen und
Verarbeiten*

Texte überarbeiten: gestalten ihren fertigen Text ansprechend und
rechtschriftlich korrekt für eine Veröffentlichung

> AH, S. 40
> Steckbrief, S. 129

69

Mit Adjektiven genau beschreiben

1 Erzähle.

2 Lies die Sätze. Vergleiche mit dem Bild in **1**. Was fällt dir auf? △

Der braune Hahn steht auf dem Heu.

Die rosa Maus rennt zu ihrem Loch.

Das bunte Schaf geht spazieren.

Das blaue Schwein sitzt vor dem Stall.

Das kleine Pferd schaut das Schaf an.

> Der braune Hahn steht auf dem Heu.

> Der Hahn ist bunt. Der bunte Hahn steht auf dem Heu.

3 Lest nacheinander die Sätze aus **2** und sagt, wie es richtig ist. Sprecht so, wie die beiden Kinder.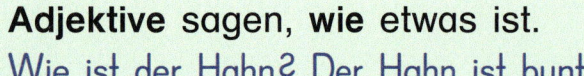

4 Schreibe die Sätze aus **2** richtig auf. Markiere die Adjektive.

!

Adjektive sagen, **wie** etwas ist.
Wie ist der Hahn? Der Hahn ist bunt.

Mit Adjektiven kannst du etwas genauer beschreiben.
Wie ist der Hahn? bunt — der bunte Hahn — Der Hahn ist bunt.

Mit Adjektiven genau beschreiben

1 Lest das Tier-Rätsel. Was fällt euch auf?

Mein Tier läuft auf Tatzen.
Mein Tier hat Fell.
Mein Tier hat Zähne.
Mein Tier hat einen Schwanz.

Das ist ein Hund.
Das ist ein Löwe oder eine Maus.
Nein, eine Katze.

2 Beschreibt so, dass man die Tiere erkennt.
Schreibt die Rätsel auf.

rot	rund	gestreift	klein	schwarz	kurz	kantig
lang	schwer	gepunktet	blau	weich	gelb	braun

Mein Tier läuft auf ▬ Tatzen.
Mein Tier hat ▬ Fell.
Mein Tier hat ▬ Zähne.
Mein Tier hat einen ▬ Schwanz.

3 Finde die Gegensatzpaare. Schreibe so: *alt – jung, kalt – ...*

alt	kalt	leicht	richtig	falsch	schwer
tief	jung	warm	leise	hoch	laut

4 Woran erkennst du Adjektive?

5 Schreibe Sätze mit Adjektiven aus **3**,
mit denen du etwas beschreibst.

Gegenteil
wie
etwas

Ü

wie ist nein ja so

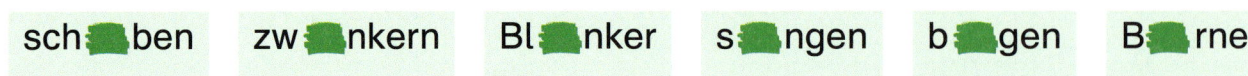

Wörter mit ie weiterschwingen

1 i oder ie? Sprich die Wörter in Silben und schreibe sie auf.
Überprüfe mit Silbenbögen.

sch▮ben   zw▮nkern   Bl▮nker   s▮ngen   b▮gen   B▮rne

2 Wie kannst du herausfinden,
ob du i oder ie in einem
einsilbigen Wort schreiben musst? △

Hier ist **ie**
eine Aufpass-Stelle,
die du erklären kannst.

l▮gt   w▮nkt   sp▮lt   r▮cht   l▮bt

3 Schreibt die Wörter aus **2** richtig auf.
Begründet eure Schreibweise.

Manche Wörter haben
mehrere Aufpass-Stellen.

4 Schwinge die Adjektive weiter:  tief – tiefe, ...

tief   schief   fies   lieb   mies

lieb –
das liebe Tier

5 Schwinge weiter. Schreibe die Nomen mit Artikel auf.

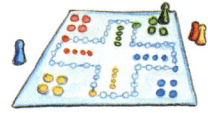    

6 Schreibt die Sätze ab. Setze i oder ie ein.
Führt ein Rechtschreibgespräch.

Eine Frau w▮gt K▮rschen.

Ein Junge s▮ngt ein freches L▮d.

Ein T▮r tr▮nkt Wasser.

Das Ferkel qu▮kt.

Phonologisches und silbisches Prinzip nutzen: schreiben Wörter des
Grundwortschatzes mit <ie> regelgerecht

> AH, S. 42

Wörter mit ä und äu ableiten

1 Erzähle.

> Schreibt man Mäuse oder Meuse?

> Hier hilft Ableiten. Mäuse kommt von Maus, also äu!

> Und was ist mit  ? Das klingt wie e!

> Das geht genauso. Bänke kommt von Bank, also ä!

2 Lest die Wörter.
Welche Wörter gehören zusammen? Erklärt.

Häuser	Laus	Schwänze	Nacht
Läuse	Bauch	Nächte	Apfel
Bäuche	Haus	Äpfel	Schwanz

Rennmäuse
HALTEN | PFLEGEN | BESCHÄFTIGEN

> In vielen Wörtern mit **ä** oder **äu** ist ein verwandtes Wort mit **a** oder **au** versteckt. Du musst es suchen. Das nennt man **Ableiten**.
> Mäuse – Maus – Mäuse   Näpfe– Napf – Näpfe

!

3 Leite die Wörter aus **2** ab.
Schreibe so: die Häuser – das Haus, ...

4 Schreibe die Wörter auf. Leite sie ab.

1 Lies den Text. Schreibe die markieren Wörter auf Kärtchen.

> Achtung: mitsprechen, weiterschwingen, ableiten oder merken.

Farit besucht jeden Tag

seine Mäuse . An das Gitter

hängt er frisches Gemüse und Äpfel .

Sofort kommen die Tiere nach vorn .

2 Lies, wie du ein Rechtschreibgespräch vorbereitest.

- Du untersuchst die Wörter mit Silbenbögen.
- Du findest eine Stelle im Wort, die du nicht gut hören kannst oder die du schwierig findest. Kreise sie ein.
- Du findest eine Stelle im Wort, die du anders siehst, als du sie hörst. (Ich sehe Hun**d**. – Ich höre/spreche Hun**t**. Ich sehe M**ä**use. – Ich höre/spreche M**eu**se.) Diese Stellen sind **Aufpass-Stellen**, die du mit der Strategie ☼ oder mit der Strategie ⚡ erklären kannst. Kreise sie ein.
- Es gibt Aufpass-Stellen, die du nicht erklären kannst (**V**ogel). Diese besondere Stelle musst du dir merken. **M** Kreise sie ein.

3 Bereite dein Rechtschreibgespräch vor.

4 Führt ein Rechtschreibgespräch.

| ich höre | ich sehe | ich spreche | ich schwinge weiter |

| ich leite ab | ich kann es nicht erklären | ich merke mir |

5 Berichtet über eure Ergebnisse.

6 Wie ist euch das Rechtschreibgespräch gelungen?

Richtig schreiben: zeigen Rechtschreibbewusstsein, indem sie nachfragen, Strategien und Rechtschreibkenntnisse gezielt anwenden
Über Lernen sprechen: stellen eigene Lernergebnisse vor und vergleichen sie mit denen anderer I verfügen über Formulierungsroutinen und Wortschatz

> AH, S. 44
> Rechtschreibgespräch, S. 134

1 Schreibe Oberbegriffe für einen Tier-Steckbrief auf.

2 Schreibe die Nomen mit bestimmtem Artikel auf.

HELL	HORN	SAMTIG	GESUND	SCHWANZ
LIEB	LEISE	WINTER	TASCHE	SCHWER

3 Schreibe mit den Adjektiven aus **2** Sätze auf.
Schreibe so: Die Sonne scheint hell. ...

4 Beschreibe die Tiere mit passenden Adjektiven. Schreibe auf.

5 i oder ie? Schwinge weiter. Schreibe das Wort auf.
Markiere die Aufpass-Stelle. Schreibe so: wir lieben — liebt, ...

l▢bt   Sp▢l   w▢nkt   Z▢l   br▢ngt   sch▢bt   T▢r   qu▢kt

6 Schätze dich ein. Was gelingt dir, wo brauchst du noch Hilfe?

7 Wie könnte der Lehrer helfen?

Ich kann noch nicht so gut Vorträge halten.

Du könntest ...

8 Welches Ziel möchtest du verfolgen?
Wie kann das gelingen?

Das kann ich jetzt
Über Lernen sprechen: finden heraus, wie sich ihr Lernen entwickelt und wie sie noch besser lernen können I schätzen ihren Lernstand ein und setzen sich angemessene Ziele I benennen, auf welche Weise sie diese Ziele erreichen wollen
> AH, S. 45
> Das kann ich jetzt, S. 127
75

Von Lesegewohnheiten berichten

1 Erzähle.

2 Wo lest ihr? Erzählt.

3 Was liest du gerne? Warum magst du gerade dieses Buch? Begründe.

4 Gibt es dein Lieblingsbuch auch als Hörspiel oder Film? Was gefällt dir besser? Begründe. △

Lesen
Sprechen und Zuhören
Analysieren und Reflektieren

Über Leseerfahrungen verfügen: schildern Leseerfahrungen und vergleichen sie im Austausch miteinander I beschreiben ihre Leseerfahrungen
Gespräche führen: beteiligen sich in unterschiedlichen Situationen an Gesprächen

Ein Buch vorstellen

1 Erzähle.

2 Welches dieser Bücher würdet ihr gern lesen?
Begründet.

3 Kari möchte sein Lieblingsbuch
vorstellen. Was möchtest du
über das Buch wissen?
Sammle Fragen. △

Titel

Autor

Figuren

Mir gefällt ...

4 Stelle dein Lieblingsbuch vor.
Mache dir Notizen und übe deinen Vortrag.

S. 126

5 Gestalte ein Plakat zu deinem Lieblingsbuch.

S. 132

6 Haltet den Vortrag und gebt euch Rückmeldung.

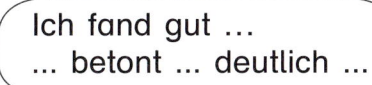
Ich fand gut ...
... betont ... deutlich ...

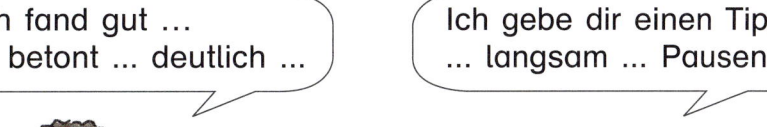
Ich gebe dir einen Tipp:
... langsam ... Pausen ...

7 Sucht in eurer Bücherei Bücher zum Thema Dinosaurier.
Präsentiert sie in einer Buchausstellung.

Sprechen und Zuhören · Suchen und Verarbeiten | Zu anderen sprechen: sprechen bei kleinen Vorträgen verständlich und deutlich zu anderen I erbitten und geben wertschätzende Rückmeldung zu Redebeiträgen | > Einen Vortrag halten, S. 126
> Plakate gestalten, S. 132

77

Schreibideen auswählen

1 Lies die Sätze und erzähle.

Nach einem langen Flug landet das Raumschiff in einem

    .

Die Tür öffnet sich und ein/eine

steigt aus. In der Hand hält er/sie einen/eine

    .

Er/Sie trifft ein Kind und sagt: „Ich habe mich verirrt.
Ich suche einen/eine

    .

Kannst du mir helfen?" Das Kind ruft: „Ja!"
Gemeinsam machen sie sich auf die Suche.

2 Plane deine Geschichte.
Schreibe den Anfang der Geschichte auf.
Entscheide dich jeweils für eine Möglichkeit.
Schreibe so: Nach einem langen Flug ...

Was nun?
Was nun?
Was nun?

Texte planen und schreiben: sammeln für das eigene Schreiben typische
Elemente aus erzählenden Texten

> AH, S. 46

Eine Fantasiegeschichte fortsetzen

1 Schreibe die Geschichte von Seite 78 weiter.
Achte auf unterschiedliche Satzanfänge.

Plötzlich

Auf einmal

Jetzt

...

2 Finde eine Überschrift für deine Geschichte.

3 Führt eine Leseversammlung durch.

Ich kann deine Geschichte gut verstehen.

Kannst du andere Satzanfänge finden?

Die Überschrift passt gut zu deiner Geschichte.

Ich möchte wissen, wie sich deine Hauptfigur fühlt.

4 Überarbeite deine Geschichte aus **1**.
Nutze die Tipps deiner Leseversammlung.

5 Schreibe eine neue Geschichte mit den Ideen von Seite 78.
Führt eine weitere Leseversammlung durch.

S. 129

6 Sammelt die Geschichten in einem Geschichtenheft.

Wortfamilien erkennen

1 Lies die Sätze. Was fällt dir auf?

> Eberhard ist der **Freund** von Franz.
> Gabi ist seine beste **Freundin**.
> Aber Eberhard und Gabi sind nicht **befreundet**.
> Gabi ist oft **unfreundlich** zu Eberhard.
> Können sie sich auf der Klassenfahrt **anfreunden**?

2 Schreibe die fett gedruckten Wörter aus **1** ab.
Markiere den Teil in den Wörtern, der immer gleich bleibt.

3 Diese Wörter gehören zu einer Wortfamilie. ▢
Erklärt. 👥

Wörter mit dem gleichen **Wortstamm**
sind die **Verwandten** einer **Wortfamilie**.

Freund , Freund in, be freund et, Freund schaft, freund lich

Der Teil, der in allen verwandten Wörtern gleich ist, ist der
Wortstamm. Er hilft, verwandte Wörter richtig zu schreiben.

4 Schreibe die Wörter
nach Wortfamilien geordnet auf.
Markiere den Wortstamm.

> geh en – geh t
> Der Wortstamm bleibt gleich.

gehen	Stehplatz	versteht	es geht	aufgehen
aufstehen	vorgehen	anstehen	Gehstock	sie steht

5 Finde möglichst viele Wörter mit dem Wortstamm bau . 🖐

Wortstämme in unregelmäßigen Verben finden

1 Erzähle.

> Kennst du das Sams?
> Es **trägt** einen Taucheranzug.
> Es **läuft** mit Flossen.
> Es **isst** gerne Würstchen.
> Es **hat** ...

2 Schreibe die fett gedruckten Wörter auf.
Suche die Grundform dazu.
Schreibe so: trägt — tragen

3 Markiert den Wortstamm. Was fällt euch auf? ∽

4 Was hast du herausgefunden? △
- Der Wortstamm kann sich bei Verben verändern.
- In manchen Wörtern ändert sich der Konsonant.
- Aus **a** wird ein **ä**, aus **au** wird ein **äu**.
- In manchen Wörtern ändert sich der Silbenkern.

> Manche Verben ändern im Wortstamm ihren **Silbenkern**.
>
> wir │trag│en — du │träg│st — es │träg│t, wir │ess│en — du │iss│t — er │iss│t

5 Welche Verben gehören zusammen?
Markiere, was sich verändert:
ich gr**a**be — er gr**ä**bt, ...

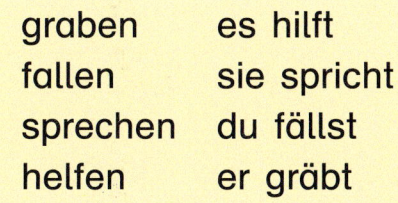

graben	es hilft	waschen	sie schläft
fallen	sie spricht	müssen	er wirbt
sprechen	du fällst	schlafen	du wäschst
helfen	er gräbt	werben	es muss

Wortstämme nutzen

1 Erzähle.

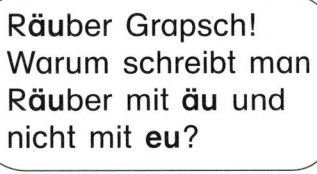

> Räuber Grapsch! Warum schreibt man Räuber mit **äu** und nicht mit **eu**?

> Hier musst du auch ein verwandtes Wort suchen.

> Mir fällt eins ein! Räuber kannst du von rauben ableiten, also Räuber mit **äu**.

2 Suche die verwandten Wörter mit **a** oder **au**.
Schreibe so: quälen – die Qual, ...

quälen	täglich	Käufer	träumen
Jäger	läuten	Rätsel	säubern

3 Schreibe die Sätze richtig auf.
Markiere die Aufpass-Stellen.

> Diese Wörter können helfen.

Strauch, Apfel, Haus, Wasser, malen, Schale, tragen, Garten

Ollo tr_e/ägt Post in die H_eu/äuser.

Tilli sch_e/ält die _E/Äpfel.

Der G_e/ärtner bew_e/ässert die Str_eu/äucher.

Herr Rossi kauft das Gem_e/älde.

4 **e** oder **ä**? **eu** oder **äu**? Entscheidet.

f_e/älschen   aufr_eu/äumen   Br_e/äzel   F_eu/äuer   Gesch_e/änk

Morphologisches Prinzip nutzen: finden gleiche Wortstämme in Wörtern und schreiben Umlaute und Verhärtungen richtig

> AH, S. 49

Besondere Wörter mit ai und ä schreiben

1 Erzähle.

2 Suche diese Wörter in der Wörterliste.
Schreibe sie mit bestimmtem Artikel und Seitenzahl auf.
Schreibe so: der Käfig S. ...,

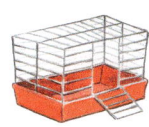    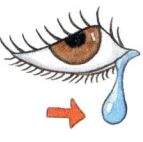  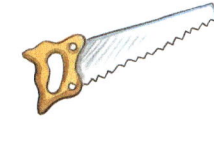

3 Besprecht euch, wie ihr die Wörter aus **2** ordnen könnt.

4 Schreibe die Wörter aus **2** geordnet auf.

5 Übe die besonderen Wörter im Spinnennetz.

| Hai | Kaiser | Mädchen |

| Säge | Käfer | Mai |

 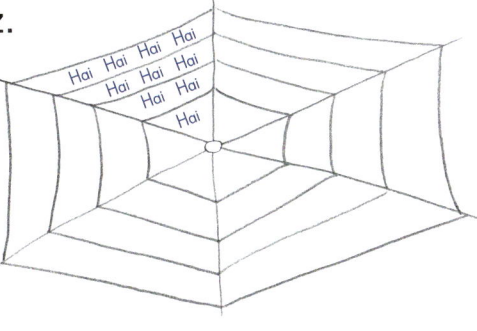

6 Wie merkst du dir die besonderen Wörter? △

Hai   Kaiser   Mädchen   Mai   auf   aus

Sprachgebrauch und
Sprache untersuchen
und reflektieren

Richtig schreiben: schreiben Wörter des Grundwortschatzes mit
Rechtschreibbesonderheiten richtig I nutzen das Alphabet beim
Nachschlagen in Wörterverzeichnissen

> AH, S. 49
> Häufigkeitswörter/
  Besondere Wörter üben,
  S. 137/138

83

1 Lies den Text. Schreibe die markierten Wörter auf Kärtchen.

Der kaputte Raumgleiter qualmt und zischt vor der Tür.

Die Schultern des fremden Wesens hängen herunter.

Der Raumgleiter gehört seinem Vater .

Was soll er nur machen?

Wo gibt es Hilfe?

2 Bereite dein Rechtschreibgespräch vor.

Silbenbögen   anders sprechen als lesen   Stellen markieren

3 Führt ein Rechtschreibgespräch.

sehen   hören   sprechen   weiterschwingen

ableiten   ich kann es nicht erklären   merken

4 Berichtet über eure Ergebnisse.

5 Wie ist euch das Rechtschreibgespräch gelungen?

6 Schreibe die Sätze aus **1** als

Schleichdiktat   Partnerdiktat.

7 Schreibt diese Wörter auf Kärtchen.
Untersucht sie.

Blümchenkleid   Windschatten   Mähdrescher

8 Schreibe zu jedem Wort auf,
was ihr herausgefunden habt.

Richtig schreiben: zeigen Rechtschreibbewusstsein, indem sie nachfragen,
Strategien und Rechtschreibkenntnisse gezielt anwenden
Über Lernen sprechen: stellen eigene Lernergebnisse vor und vergleichen sie
mit denen anderer I verfügen über Formulierungsroutinen und Wortschatz

> AH, S. 50
> Rechtschreibgespräch,
S. 134

1 Überarbeite die Geschichte.

> Kari geht ins Kino
> Und dann landet das Ufo.
> Und dann findet Kari einen Freund.
> Und dann steigt Kari aus.
> Das Ufo fliegt durch das All.

2 Schreibe die Wortfamilie auf. Welches Wort passt nicht?

> kaufen   käuflich   kauen   Kaufmann   Verkäuferin   einkaufen

3 Schreibe die zwei Wortfamilien geordnet auf.
Markiere jeweils den Wortstamm.

> Lesebuch   Bücherei   lesen   Buchstabe   Buch
> leserlich   Wörterbuch   liest   buchen   vorlesen

4 Finde die verwandten Wörter.
Schreibe sie geordnet auf.
Markiere den Wortstamm.

> alt   bläst   sauber   Säugling
> säubern   saugen   älter   blasen

5 Suche die verwandten Wörter mit **a** oder **au**.
Schreibe sie auf.

> B▮cker   kr▮ftig   tr▮men   sch▮men   Erk▮ltung

6 Schätze dich ein. Was gelingt dir, wo brauchst du
noch Hilfe? Welches Ziel möchtest du verfolgen?
Wie kann das gelingen?

Zuhören und verstehen

1 Betrachte das Bild.
Was siehst du? Was denkst du? △

2 Schreibe deine Gedanken zum Bild auf.

3 Erzählt eure Gedanken.

4 Wiederholt eure Gedanken
und stellt euch Fragen.

5 Wie ist dir das Zuhören gelungen?
Was nimmst du dir vor?

Zuhörregeln

Ich höre zu.

Ich verhalte mich ruhig.

Ich schaue den Erzähler

freundlich an.

Ich denke mit.

Ich frage nach.

Beschreiben und verstehend zuhören

1 Lies die Sprechblase und erzähle.

> Mein Lieblingsspiel kann man draußen oder drinnen spielen. Drinnen braucht man mehrere Räume. Es können 4−6 Kinder mitspielen. Für das Spiel braucht man viele Versteckmöglichkeiten. Es dauert so lange, wie man Lust hat zu spielen.

2 Erzähle von deinem Lieblingsspiel.
Beantworte dabei diese Fragen.
Die anderen müssen raten.

> Sprich deutlich.

> Wo kann man das Spiel spielen?
> Wie viele Kinder können mitspielen?
> Was braucht man für das Spiel?
> Wie lange dauert das Spiel?

3 Gebt euch Rückmeldung. Stellt Fragen.

4 Wie kannst du dich am besten auf deine Zuhörer und die Fragen deiner Zuhörer vorbereiten? △

5 Viele Kinder spielen gern Computerspiele.
Beschreibt ein Computerspiel.
Beantwortet dabei die Fragen aus **2** .

6 Welche Unterschiede gibt es zwischen dem Computerspiel und dem Spiel aus **1** ? △ ▱

7 Präsentiert eure Ergebnisse. Achtet auf die Erzähl- und Zuhörregeln.
Gebt euch Rückmeldung.

S. 125

Gemeinsam ein Geschichtenbuch erstellen

1 Plane deine Geschichte. Folgende Schritte helfen dir dabei.

a) Entscheide dich für eine Schreibidee.

 Schulausflug    Eine Reise mit Kari    Im Wald    ...

b) Schreibe Ideenblitze zu deiner Schreibidee.

c) Plane deinen Text und schreibe einen Schreibplan.

Schreibplan
Schreibidee:
Ideenblitze:
Anfang:
Was nun? Was nun? Was nun?
Ende:
Überschrift:

d) Schreibe deine Geschichte.

e) Finde eine passende Überschrift.

2 Führt eine Leseversammlung zu euren Geschichten durch.

3 Gestalte deine Geschichte.
Überprüfe die Rechtschreibung.
Du kannst auch den Computer nutzen.

4 Erstellt ein Geschichtenbuch.

Schreiben

 Produzieren und Präsentieren

Texte planen und schreiben: sammeln für das eigene Schreiben, auch im Austausch mit anderen, typische Elemente aus erzählenden Texten I verfassen kurze erzählende Texte, auch indem sie z. B. Vorgaben variieren, und zeigen das Erzählenswerte an ihrem Text

> Ideenblitze, S. 128
> Schreibplan, S. 128

Wortfelder nutzen

1 Lest. Was fällt euch auf?

> Mein schrecklicher Morgen
> O nein, ich habe verschlafen!
> Ich hubbele in das Badezimmer.
> Angezogen hubbele ich die Treppe
> hinunter und hubbele in die Küche.
> Ich hubbele zur Schule,
> denn es ist schon ganz schön spät.
> Der Unterricht hat schon angefangen.
> Leise hubbele ich an meinen Platz.

Wortfeld gehen

hüpfen	sprinten
rennen	schleichen
flitzen	schlendern
laufen	schlurfen

2 Stellt die Verben aus dem Wortfeld **gehen** pantomimisch dar.

3 Schreibe den Text aus **1** ab. Ersetze **hubbele** durch verschiedene passende Verben.

4 Führt eine Leseversammlung durch.

> Alle Wörter, die eine ähnliche Bedeutung haben, gehören zu einem **Wortfeld**.
> Mit ihnen kann man sich treffend ausdrücken und Wiederholungen vermeiden.

!

5 Findet Verben aus dem Wortfeld **sagen**. Stellt sie pantomimisch dar und nennt sie.

6 Schreibe die Verben aus **5** auf.

Schreiben
Sprache untersuchen

Texte überarbeiten: nehmen eine Anregung für die Überarbeitung auf und setzen sie um
Sprachliche Strukturen untersuchen: nutzen Wortschatzalternativen in Bezug auf häufig gebrauchte Wörter

> AH, S. 52/53

89

Sich in Texten orientieren

1 Lies.

Die **Überschrift** verrät mir, worum es im Text geht.

Eine Reihe im Text nennt man **Zeile**.

Der **Zeilenzähler** hilft dir, Textstellen wiederzufinden.

Einen Abschnitt eines Textes nennt man **Absatz**.

Was hat man früher gespielt?

1 Spielst du gerne mit anderen Kindern?
Es gibt heute noch viele Spiele,
die man auch früher schon gespielt hat.

Da gibt es zum Beispiel das Spiel
5 **Ich sehe was, was du nicht siehst**.
Man sucht sich einen Gegenstand
oder ein Tier in seiner Umgebung aus.
Das beschreibt man.
Die anderen raten, was gemeint ist.

10 Auf dem Pausenhof spielen die Kinder
gerne **Hüpfspiele**. Hierzu malen sie
mit Kreide Kästen auf dem Boden auf.
In diese Kästen hüpfen sie
in einer bestimmten Reihenfolge.

15 Und was spielt ihr heute?

2 Beantwortet die Fragen zu dem Text aus **1**.

- Wie heißt die Überschrift?
- Wie viele Zeilen hat der zweite Absatz?
- Wie heißt das Spiel, bei dem Kinder raten müssen?
- Was spielen die Kinder gerne auf dem Pausenhof?

Verwende die Fachbegriffe **Zeile** und **Absatz**.

3 Warum sind Absätze und Zeilenzähler in einem Text wichtig? Erkläre. △

4 Suche dir einen neuen Text.
Untersuche ihn auf Überschrift, Zeile und Absatz.

Eine Tabelle lesen

1 Lies die Tabelle.

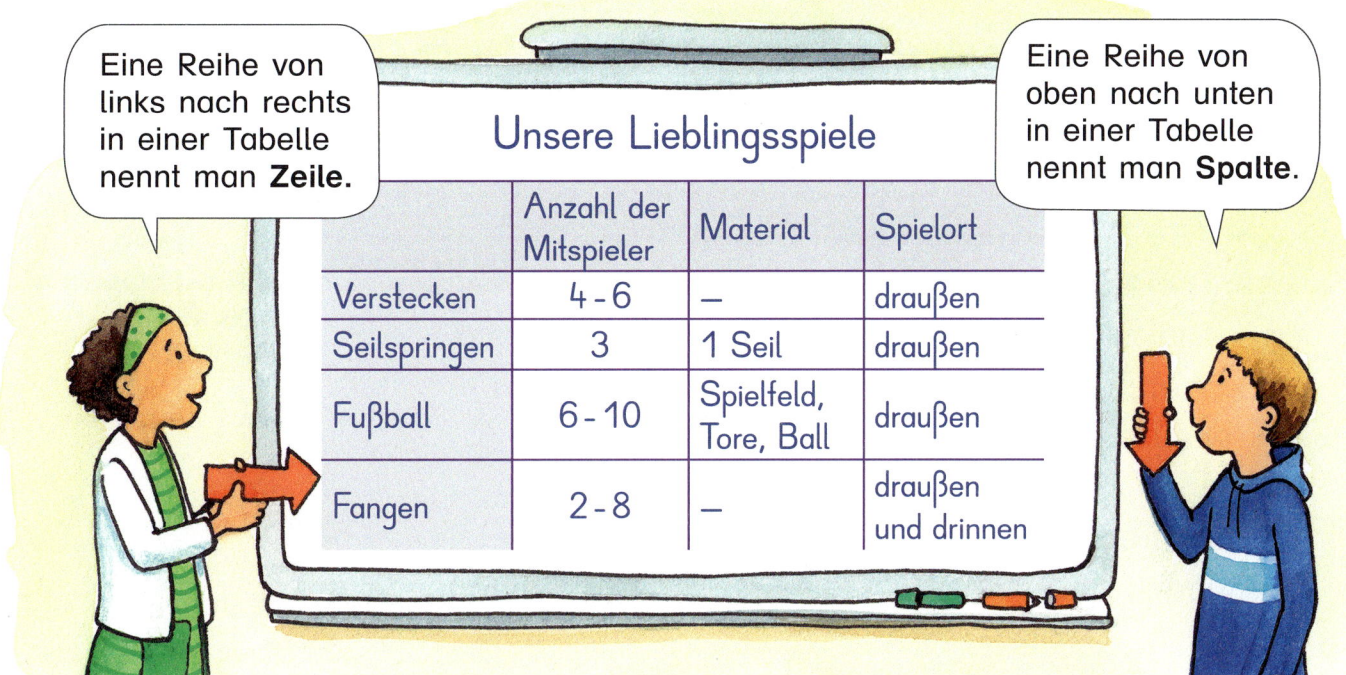

Eine Reihe von links nach rechts in einer Tabelle nennt man **Zeile**.

Eine Reihe von oben nach unten in einer Tabelle nennt man **Spalte**.

Unsere Lieblingsspiele

	Anzahl der Mitspieler	Material	Spielort
Verstecken	4 - 6	–	draußen
Seilspringen	3	1 Seil	draußen
Fußball	6 - 10	Spielfeld, Tore, Ball	draußen
Fangen	2 - 8	–	draußen und drinnen

2 Beantwortet die Fragen zu der Tabelle aus **1**.

- Wie heißt die Überschrift?
- Wie viele Spalten hat die Tabelle?
- Wie viele Zeilen hat die Tabelle?
- Welches Material benötigt man für das Seilspringen?
- Wie viele Mitspieler spielen beim Fußball mit?
- Bei welchen Spielen benötigt man kein Material?

3 Erstellt eine Tabelle zu den Lieblingsspielen eurer Klasse.

Eine Tabelle hat **Zeilen** und **Spalten**.
Die **Zeilen** werden von links nach rechts gelesen.
Die **Spalte** wird von oben nach unten gelesen.
Mithilfe von Zeilen und Spalten kann ich mich
in einer Tabelle schnell zurechtfinden.

!

Besondere Wörter mit ß schreiben

1 Lest euch die Wörter vor.

| Straße – Nase | große – Lose | heiße – leise |

2 Was fällt dir auf? △
- Alle Wörter haben zwei Silben.
- Die zweite Silbe beginnt immer mit einem Vokal.
- Die zweite Silbe beginnt immer mit **ß** oder **s**.
- Wenn ich spreche oder zuhöre, merke ich kaum einen Unterschied zwischen **s** und **ß**.

> Wörter mit **ß** musst du dir merken. Sprich **ß** immer mit: Straße mit **ß**, groß mit **ß**, …

3 Sortiere die Wörter.
Schreibe so:  Nomen | Verb | Adjektiv

| weiß | groß | Straße | Fuß | heiß | süß | Spaß | grüßen |

4 Schreibe den Text auf. Setze die Wörter aus **3** in der richtigen Form ein.

Herr Doll malt mit ▮ Kreide eine ▮ auf den Schulhof.
Nun holt er kleine und ▮ Roller aus dem Schuppen.
Die Kinder sollen mit dem rechten ▮ rollern.
Dabei muss jedes Kind mit der rechten Hand ▮.
Das macht nicht allen ▮!
Aber am Ende gibt es ▮ Eis oder ▮ Schokolade.

5 Übe die Wörter im Spinnennetz.

| Fuß | Füße | groß | große | süß | süße |

| Fuß | groß | mit | als | also | im |

Sprachgebrauch und Sprache untersuchen und reflektieren

Richtig schreiben: schreiben Wörter des Grundwortschatzes mit Rechtschreibbesonderheiten richtig

> AH, S. 54
> Häufigkeitswörter/ Besondere Wörter üben, S. 137/138

Adjektive weiterschwingen

1 Erzähle.

Schreibe ich runt oder rund?

Du musst weiterschwingen: der runde Ball – also rund mit **d**.

2 Lest die Sätze.
Welche Buchstaben gehören in die Lücken? Erklärt.

Das Kind ist gesun$_d^t$.

Die Katze ist lie$_p^b$.

Das Wort klingt frem$_d^t$.

Der Winter ist kal$_d^t$.

Das Regal ist schrä$_g^k$.

Die Blüte ist gel$_p^b$.

3 Schreibe vollständige Sätze.
Schreibe so: Der kranke Hund schläft.

kran$_g^k$ – Hund – schlafen

klu$_g^k$ – Kind – lesen

wil$_d^t$ – Tiger – brüllen

blin$_d^t$ – Huhn – suchen – Körner

4 Schreibe Sätze mit diesen Wörtern.

weiß   süß   groß   heiß

Sprachgebrauch und
Sprache untersuchen
und reflektieren

Morphologisches Prinzip nutzen: finden gleiche Wortstämme
in Wörtern und schreiben Umlaute und Verhärtungen richtig

> AH, S. 55

93

1 Lies den Text. Schreibe die markierten Wörter auf Kärtchen.

Nele wird im März acht.

Sie darf sieben Kinder einladen.

Am Wochenende schreibt sie die Einladungen .

Mit Oma hat sie Blütenkarten gebastelt.

Sie sind rund und gelb .

Neles älterer Bruder ist neidisch.

Er hat erst im November seinen großen Tag .

Es gibt auch Wörter mit **ä**, die du nicht erklären kannst.

2 Bereite dein Rechtschreibgespräch vor.

Silbenbögen   anders sprechen als lesen   Stellen markieren

3 Führt ein Rechtschreibgespräch.

sehen   hören   sprechen   weiterschwingen

ableiten   ich kann es nicht erklären   merken

4 Berichtet über eure Ergebnisse.

5 Wie ist euch das Rechtschreibgespräch gelungen?

6 Schreibe die Sätze aus **1** als

Schleichdiktat   Partnerdiktat.

7 Schreibt diese Wörter auf Kärtchen. Untersucht sie.

Käsemesser   Hamsterkäfig   Süßspeise

8 Schreibe zu jedem Wort auf, was ihr herausgefunden habt.

Richtig schreiben: zeigen Rechtschreibbewusstsein, indem sie nachfragen, Strategien und Rechtschreibkenntnisse gezielt anwenden
Über Lernen sprechen: stellen eigene Lernergebnisse vor und vergleichen sie mit denen anderer I verfügen über Formulierungsroutinen und Wortschatz

> AH, S. 56
> Rechtschreibgespräch, S. 134

1 Schreibe einen Schreibplan.

Das ungerechte Fußballturnier

...

Das verlorene Katzenbaby

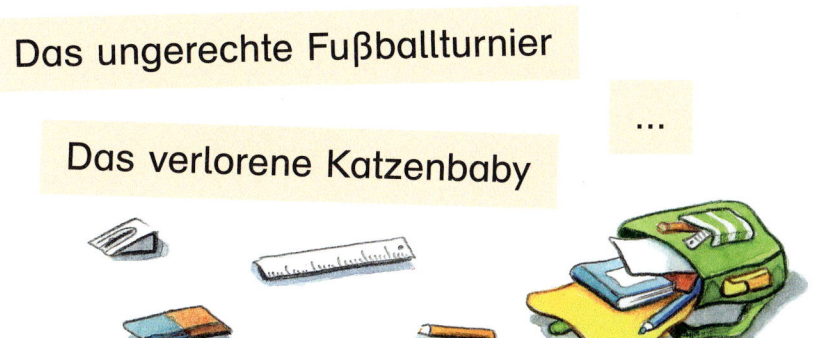

Schreibplan
Schreibidee:
Ideenblitze:
Anfang:
Was nun?   Was nun?   Was nun?
Ende:
Überschrift:

2 Schreibe das Wortfeld auf.
Welches Wort passt nicht?

sagen   sprechen   murmeln   flüstern   rechnen   antworten   fragen

3 Erkläre an deinem Stundenplan
die Begriffe **Zeile** und **Spalte**.
Verwende diese Wörter:
rechts, links, oben, unten, Tabelle

Stundenplan				
	Montag	Dienstag	Mittwoch	Donnerstag
1.	Deutsch	Mathe	Sport	Musik

4 Bestimme die Wortarten dieser Wörter.
Schreibe so: Nomen: ..., Verben: ..., Adjektive: ...

STRAßE   FUß   HEIßT   GRÜßEN   SÜß

STRAUß   HEIß   FLEIß   BEIßEN   FLIEßT

5 Schwinge die Wörter weiter. Schreibe sie richtig auf.

blin t/d   kal t/d   schrä k/g   bun t/d   gro p/b   kran k/g

6 Schätze dich ein. Was gelingt dir, wo brauchst du
noch Hilfe? Welches Ziel möchtest du verfolgen?
Wie kann das gelingen?

Über Lernen sprechen: finden heraus, wie sich ihr Lernen entwickelt und
wie sie noch besser lernen können I schätzen ihren Lernstand ein und
setzen sich angemessene Ziele I benennen, auf welche Weise sie diese
Ziele erreichen wollen

> AH, S. 57
> Das kann ich jetzt,
  S. 127

Medien kennen

1 Erzähle und ordne zu.

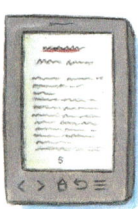

Medien

Smartphone

Kinderzeitschrift

Fernseher

Computer

Tablet

Sachbuch

Spielekonsole

MP3-Player

CD-Player

Radio

DVD-Player

E-Book

2 Erklärt, wofür ihr diese Medien nutzt.

spielen/Unterhaltung   sich informieren   miteinander sprechen

3 Welche Medien nutzt du?

Sprechen und Zuhören | Zu anderen sprechen: informieren andere zu einfachen Sachverhalten, begründen ihre Meinung

Suchen und Verarbeiten

Über Mediennutzung sprechen

1 Lies das Programm und erzähle.

Samstag			
15:30	Willi wills wissen	Kinderreportage	25 Minuten
15:55	Wissen macht Ah!	Magazin	25 Minuten
16:20	Teuflisches Glück	Märchenserie	25 Minuten
16:45	Teuflisches Glück	Märchenserie	25 Minuten
17:10	Anna und die wilden Tiere	Dokureihe	40 Minuten
17:50	Checker Tobi	Wissensmagazin	25 Minuten
18:15	Neuneinhalb	Magazin	10 Minuten
18:25	Die Pfefferkörner	Krimiserie	30 Minuten

2 Welche Sendung würdet ihr euch anschauen,
- wenn ihr euch informieren wollt,
- wenn ihr unterhalten werden wollt? Begründet. ∽

3 Fenja darf eine Stunde am Tag fernsehen.
Welche Sendungen aus **1** kann sie sich aussuchen? △

4 Erzähle.

Ich darf eine Stunde am Tag fernsehen.

Ich darf immer eine Sendung am Tag sehen.

Ich darf mir aussuchen, ob ich eine halbe Stunde fernsehe oder am Computer spiele.

5 Welche Regeln zur Mediennutzung gibt es in deiner Familie? △

Sprechen und Zuhören | Gespräche führen: beteiligen sich in unterschiedlichen Situationen an Gesprächen I berichten oder beschreiben Erlebtes, äußern Meinungen I beschreiben anhand von Beispielen, welche Absichten Menschen mit ihren sprachlichen Beiträgen verfolgen

97

Ein Akrostichon schreiben und überarbeiten

1 Lies die Akrostichen und erzähle.

M ailbox	**M** it der Maus markieren
E -Book	**E** in Buch lesen
D rucker	**D** ie Spielekonsole nutzen
I nternet	**I** m Internet surfen
E -Mail	**E** inen Film ansehen
N otebook	**N** achrichten hören

2 Beschreibe den Aufbau eines der Texte aus **1** .

3 Maximilian hat ein Akrostichon geschrieben.
Was fällt dir auf? △

Buchstaben
untersuchen
Wort
Thema
Wörter
oder Sätze

R eifen
A nsage
D rucker
I nterview
O hren

4 Erklärt genau, was Maximilian verändern muss.
Denkt dabei an das Thema. ⌒

S. 130 **5** Wähle einen Begriff. Schreibe ein Akrostichon.

TABLET   FERNSEHER   INTERNET

6 Führt eine Leseversammlung durch.

Texte planen und schreiben: schreiben eigene kreative Texte, indem sie
kindgerechte literarische Formen und Textmuster variieren   > AH, S. 58
> Akrostichon, S. 130

Mit dem Computer gestalten

1 Die Klasse 2a gestaltet ein Akrostichon. Erzähle.

2 Um mit dem PC gestalten zu können, müsst ihr wissen,
wo ihr etwas einstellen oder verändern könnt.
Informiert euch über Schriftgröße, Schriftart, Farbe.

3 Erklärt euch gegenseitig die Tastatur.

① Damit kannst du das
   Geschriebene löschen/entfernen.
② Du fängst in der nächsten Zeile
   an (Enter/Return).
③ Wenn du diese Taste gedrückt
   hältst, kannst du die Buchstaben
   großschreiben.
④ Dieses ist die Leertaste. Damit setzt
   du Lücken zwischen die Wörter.

4 Gestalte dein eigenes Akrostichon. Nutze den Computer.
Präsentiere dein Akrostichon.

Sprechen und Zuhören
Basiskompetenz
Produzieren und Präsentieren

Texte überarbeiten: gestalten ihren fertigen Text ansprechend
und rechtschriftlich korrekt für eine Veröffentlichung

> AH, S. 58

99

Wortbausteine untersuchen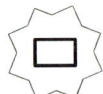

1 Lies die Sätze. Was fällt dir auf?

> Ich will heute eine Geschichte schreiben .
>
> Ich will mich nicht andauernd verschreiben .
>
> Das Wort soll mir meine Mutter vorschreiben .

2 Erklärt euch gegenseitig die Bedeutung
der markierten Verben aus **1** . ∽

3 Woran liegt es, dass diese Verben
unterschiedliche Bedeutungen haben? △
- Die Sätze sind alle verschieden.
- Das Verb **schreiben** hat einen Wortbaustein hinzubekommen.
- Die Wortbausteine ver und vor verändern die Bedeutung des Verbs.

4 Setze in die Sätze die passenden Vorsilben ein.
Schreibe die Sätze auf. Markiere die Verben.

weg ab vor mit ver

> Lisa und ihre Familie wollen █fahren.
>
> Früh morgens wollen sie █fahren.
>
> Als Papa das Auto █fährt, kommt Lisas Hund.
>
> Er möchte gerne █fahren.
>
> Damit Papa sich nicht █fährt, nimmt er sein Navi mit.

Vorangestellte Wortbausteine nennt man **Vorsilben**.
Sie verändern die Bedeutung von Wörtern.
Vorsilben werden immer gleich geschrieben.

100 Sprachgebrauch und
Sprache untersuchen
und reflektieren

Sprachliche Strukturen untersuchen: finden in Wörtern häufig
wiederkehrende Wortbausteine
Morphologisches Prinzip nutzen: schreiben häufig vorkommende Silben
richtig

> AH, S. 59

Zusammengesetzte Nomen nutzen

1 Erzähle.

2 Welche Bücher kennt ihr?

3 Lest den Text. Bildet passende zusammengesetzte Nomen.

Sophia ist in der Bücherei. Sie will einige Bücher ausleihen:

Opa sucht neue Rezepte. Er braucht ein ▮buch.

Ihr kleiner Bruder Simon kann noch nicht lesen.

Sie sucht ein schönes ▮buch.

Sophia selbst reitet gerne. Sie greift nach einem ▮buch.

4 Zerlege diese Nomen.
Schreibe so: Bücherregal = Bücher + Regal

Bücherregal   Buchverkäufer   Rezeptbuch   Fußballbuch

5 Erkläre die Nomen aus **4** .
Schreibe so: Bücherregal = Regal für Bücher

Aus mehreren Nomen kann man **zusammengesetzte Nomen** bilden.
Bücher + Regal = Bücherregal
Zusammengesetzte Nomen bezeichnen etwas genauer.

!

Sprachgebrauch und Sprache untersuchen und reflektieren

Sprachliche Strukturen untersuchen: nutzen Zusammensetzungen als Mittel der Wortbildung, um sich präzise auszudrücken und Sprache abwechslungsreich und kreativ verwenden zu können

> AH, S. 60

101

Besondere Wörter mit ck und tz schreiben

1 Sprecht die Wörter.
Achtet auf den Vokal in der 1. Silbe.

2 Wie klingt der Vokal bei den Wörtern
aus **1** in der ersten Silbe?

undeutlich
klar
kurz
lang

3 Schlage die Wörter aus **1** nach
und schreibe sie auf.

4 Schreibe die Wörter in Einzahl und Mehrzahl.
Markiere den Vokal in der ersten Silbe. Kreise **tz** und **ck** ein.

Blitz	Satz	Schatz	Witz	Spatz
Rock	Bock	Stock	Block	Strick

5 Schreibe die Sätze ab. Markiere **ck** und **tz** in deinen Wörtern.

Anna schwitzt. Sie backt gerade einen leckeren Kuchen.
Ihre Hündin Kleo sitzt vor dem Backofen und jault.
Sie hofft auf ein Stück Fleisch. Kleo kratzt sich am Kopf.
Anna sagt: „Der Kuchen schmeckt dir auch, aber erst,
wenn er kalt ist." Die Hündin leckt sich die Nase.

6 Bildet die wir-Form der Verben mit **ck** und **tz** aus **5** .
Was fällt euch auf?

backen   dick   Katze   Satz–Sätze   sitzen–sitzt

102 Sprachgebrauch und
Sprache untersuchen
und reflektieren

Richtig schreiben: schreiben Wörter des Grundwortschatzes
mit Rechtschreibbesonderheiten richtig

> AH, S. 61
> Besondere Wörter üben,
S. 136/137

Besondere Wörter mit C schreiben

1 Welche Wörter mit **C** kennt ihr?
Erklärt sie.

Wörter mit **C** kommen aus anderen Sprachen. Diese Wörter heißen Fremdwörter.

2 Schlage die Wörter nach
und schreibe sie auf. Markiere **C**.

3 Schreibe die Wörter aus **2**
in deiner schönsten Schrift
und in deiner Lieblingsfarbe auf.
Sprich dabei die Wörter
und benenne die besondere Stelle.

Cent schreibe ich mit **C**.

4 Sortiere die Nomen nach dem Abc.
Achte auf den zweiten Buchstaben.
Kontrolliere mit der Wörterliste.

Computer   Camping   Clown   Creme

5 Sortiere die Nomen nach dem Abc.
Achte dabei besonders auf den dritten Buchstaben.
Kontrolliere mit der Wörterliste.

Cowboy   Comic   Cola   Couch   Container   Cornflakes

6 Spielt mit den Wörtern dieser Seite ein Rätselspiel.
Sprecht dabei so: Mein Wort benutzt Mama jeden Morgen.

Clown   Cent   Computer

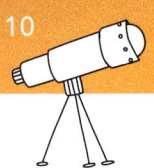

1 Lies den Text. Schreibe die markierten Wörter auf Kärtchen.

Ben und Tom arbeiten zusammen.

Sie sitzen vor dem Computer . Es gibt

Fledermäuse , die das Blut von anderen Tieren schlucken .

Auf einem Bild hängen Fledermäuse an Ästen .

Die Buben wollen sie zeichnen . Später möchte Tom

noch rote Punkte malen. Ben findet das super.

2 Bereite dein Rechtschreibgespräch vor.

| Silbenbögen | anders sprechen als lesen | Stellen markieren |

3 Führt ein Rechtschreibgespräch.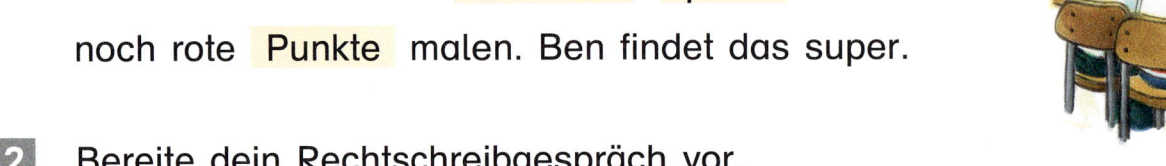

| sehen | hören | sprechen | weiterschwingen |

| ableiten | ich kann es nicht erklären | merken |

4 Berichtet über eure Ergebnisse.

5 Wie ist euch das Rechtschreibgespräch gelungen?

6 Schreibe die Sätze aus **1** als

 Schleichdiktat   Partnerdiktat.

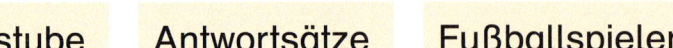

7 Schreibt diese Wörter auf Kärtchen. Untersucht sie.

| Backstube | Antwortsätze | Fußballspieler |

8 Schreibe zu jedem Wort auf,
was ihr herausgefunden habt.

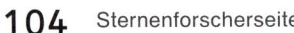

Richtig schreiben: zeigen Rechtschreibbewusstsein, indem sie nachfragen, Strategien und Rechtschreibkenntnisse gezielt anwenden
Über Lernen sprechen: stellen eigene Lernergebnisse vor und vergleichen sie mit denen anderer I verfügen über Formulierungsroutinen und Wortschatz

> AH, S. 62
> Rechtschreibgespräch, S. 134

1 Schreibe ein Akrostichon zu deinem Namen. Präsentiere es.

2 Bilde mit den Vorsilben und den Verben neue sinnvolle Verben. Schreibe sie auf.

| vor | weg | ab | ver |

| singen | tragen | holen |

3 Erkläre die Bedeutung einiger Verben aus **2**.

4 Schreibe Sätze mit Verben aus **2**.

5 Schreibe die Sätze mit dem passenden zusammengesetzten Nomen auf.

> Ich war mit Opa auf dem ▬ Fest.
> Dort war ich in einem ▬ Karussel.
> Danach habe ich eine ▬ Watte bekommen.
> Ich durfte nicht in die ▬ Bahn.
> Opa ist ein ▬ Hase.

Oktober
Geister
Zucker
Ketten
Angst

6 Schlage die besonderen Wörter nach. Schreibe sie mit der Seitenzahl auf. 📖

| schlucken | dick | Decke | sitzen | Blitz |

| backen | Witz | putzen | Creme | Clown |

7 Schätze dich ein.
Was gelingt dir, wo brauchst du noch Hilfe?
Welches Ziel möchtest du verfolgen?
Wie kann das gelingen?

Sprachen vergleichen

1 Aus welchen Ländern kommen die Kinder? Erzähle.

Hosgeldiniz!

Bienvenidos!

Velkommen!

Welkom!

Karibu!

2 Kennst du Wörter aus anderen Sprachen? Berichte.

3 Welche Sprachen werden in deiner Klasse gesprochen?

4 In vielen Ländern begrüßt man sich nicht nur mit Worten.
Beschreibt.

5 Erklärt, wann ihr andere wie begrüßt.

Freunde   Familie   fremde Erwachsene   ...

Guten Tag!   Tach!

Hey!   Grüß Gott!   Grüß dich!   Hi!   Hallo!   Moin!   Servus!   ...

Sprachgebrauch und
Sprache untersuchen
und reflektieren

Gemeinsamkeiten und Unterschiede von Sprache entdecken: vergleichen
andere Sprachen, um Gemeinsamkeiten und Unterschiede zu entdecken
sowie Vielfalt wertzuschätzen I beschreiben Unterschiede zwischen Alltags-
und Bildungssprache bezüglich der Wortwahl

Dialekte vergleichen

1 Erzähle.

In manchen deutschen Regionen wird unterschiedlich gesprochen. Dies nennt man **Dialekt** (Mundart).
Brötchen: Schrippen, Semmeln, Weggla, Rundstücke, ...

2 Lest die Wörter. Was fällt euch auf?

Mädchen Madl Dirndl	Berliner Pfannkuchen Puffel Krapfen	Butter Schmer Bodder	Klumbe Bonbon Kamelle Guatl

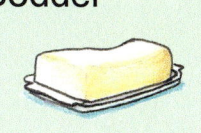

3 Plant ein Rollenspiel mit einer Wortgruppe aus **2**.
Führt das Rollenspiel vor.

4 Kennst du noch andere Wörter aus einem Dialekt?
Berichte.

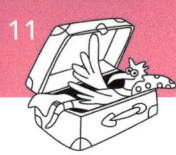

Eine Postkarte schreiben

1 Diese Postkarte hat Max von seinem Freund Hanno bekommen.
Erzähle.

Büsum, den 10.6.2020

Hallo Max,
viele Grüße aus Büsum.
Wir gehen jeden Tag an den Strand.
Zum Glück gibt es hier keine Quallen.
Ich kann schon gut schwimmen.
Viele Grüße
dein Hanno

An
Max

In der Anschrift stehen
Name, Straße, Hausnummer,
Postleitzahl und Wohnort.

2 Max ist in den Ferien im Allgäu.
Er möchte seinem Freund Hanno
auch eine Postkarte schreiben.
Überlege, worüber er schreiben könnte.

S. 130 **3** Schreibe die Postkarte für Max.

4 Sammle Adressen. Lege ein Adressbüchlein an.
Du kannst den Computer nutzen.

5 Schreibt euch in der Klasse Postkarten.
Bastelt einen Briefkasten.

108 Schreiben

*Produzieren
und Präsentieren*

Texte planen und schreiben: schreiben Texte zu für sie bedeutungsvollen
Themen und Impulsen

> AH, S. 64
> Postkarte, S. 130

Eine E-Mail untersuchen

1 Erzähle.

2 Julius hat ein Problem in Deutsch.
Hätte er auch eine Postkarte schreiben können?
Begründe. △

3 Aus welchen Teilen
besteht eine E-Mail-Nachricht?

Anrede
Text
Gruß
Adresse
Betreff

4 Zu einer E-Mail-Nachricht gehört noch viel mehr.
Lest die Sätze.
Zeigt auf die richtige Stelle der E-Mail in **1**.

- In diesem Feld steht, wohin die E-Mail geschickt werden soll.
- Im Betreff steht, worum es in der E-Mail geht.
- Hier schreibt man einen Text.
- Man klickt auf dieses Feld, um die E-Mail zu verschicken.
- Hier schreibt man die Adresse des Absenders hinein.

Wortarten erkennen

1 Erzähle.

2 Weißt du noch, woran man die Wortarten erkennt? △

3 Lest die Sätze. Welche Wortarten passen? ⌣

Bei den meisten ▓ kann ich die Einzahl und die Mehrzahl bilden.

Ich kann **ich** oder **wir** vor das ▓ setzen.

Das ▓ sagt mir, wie etwas ist.

Ein ▓ passt zwischen Artikel und Nomen.

Ein ▓ sagt, was wir tun.

Ein ▓ kann ich anfassen oder haben.

Mit ▓ kann ich genauer beschreiben.

4 Schreibe die Sätze aus **3** richtig auf.

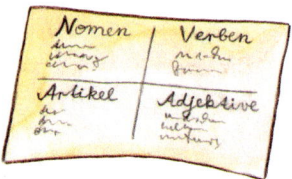

5 Schreibe dir einen Spickzettel zu den Wortarten.

6 Erklärt die Wortarten dieser Wörter. Nutzt dafür eure Spickzettel. 👧👦

SPRINGST   ZELT   LACHT   KALT   SCHAUFEL   NASS

Sprachliche Strukturen untersuchen: bestimmen Nomen, Verben und Artikel, indem sie Strategien anwenden   > AH, S. 65/66

Wortarten erkennen

1 Welche Nomen passen? Besprecht euch.

> Lukas springt jeden Morgen aus dem Dings.
> Er frühstückt und putzt seine Dings.
> Mit dem Dings fährt er zur Dings.
> Er mag die Fächer Dings und Dings.

2 Schreibe die Verben aus **1** in der ich-Form auf.

3 Wer macht was? Bilde Sätze.
Schreibe so: Der Frosch quakt.

4 Erweitere die Sätze aus **3** mit passenden Adjektiven.
Schreibe so: Der kleine Frosch quakt laut.

5 Finde den Fehler in jedem Satz.
Schreibe die Sätze richtig auf.

> Maria will eine postkarte schreiben.
> Sie sucht sich eine Schöne Karte aus.
> Mit Füller Schreibt sie in ihrer schönsten
> Schrift auf die Karte. Oma wird sich
> bestimmt über die post freuen.
> Vielleicht Kauft Maria noch
> eine Karte für Tante Viola.

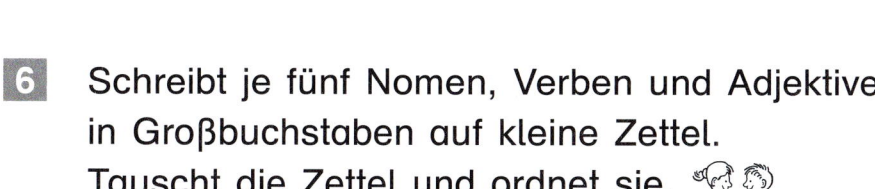

6 Schreibt je fünf Nomen, Verben und Adjektive
in Großbuchstaben auf kleine Zettel.
Tauscht die Zettel und ordnet sie.

Besondere Wörter mit Dehnungs-h schreiben

1 Erzähle.

Kannst du mir erklären, warum man **So**h**n** mit **h** schreibt?

Nein, du musst dir das Wort merken. Wenn du weiterschwingst, kannst du das **h** nicht hören.

2 Schlage die Wörter nach. Schreibe sie mit Seitenzahl auf.

Jahr   Uhr   Zahl   zahlen   zählen   Zahn   Zähne   Frühling

3 Schreibe mit jedem besonderen Wort aus **2** einen Satz auf.

4 Ordne die Wortfamilien.
Markiere die Aufpass-Stelle
und den Wortstamm.
Schreibe so:
fah**r**|en: Fah**r**|zeuge, ...

Einmal h, immer h!
Du musst dir nicht alle
Wörter mit **fahren** merken,
nur den Wortstamm fah**r**.

fahren	Uhr	Zahnspange	Fahrbahn	bezahlen
zahlen	Fahrzeuge	einzahlen	Sonnenuhr	Zahnbürste
Zahn	Backenzahn	Uhrzeit	Einzahl	Frühling

5 Ein Wort aus **4** bleibt übrig. Schreibe es mit Artikel auf.

Frühling   Jahr   Uhr   Zahl   zahlen   zählen   Zahn–Zähne

Sprachgebrauch und
Sprache untersuchen
und reflektieren

Richtig schreiben: schreiben Wörter des Grundwortschatzes mit Rechtschreibbesonderheiten richtig
Morphologisches Prinzip nutzen: finden gleiche Wortstämme in Wörtern und
schreiben Umlaute und Verhärtungen richtig

> Besondere Wörter üben,
S. 137/138

Besondere Wörter mit X/x und Y/y schreiben

1 Lies den Text.

Eine  schwimmt an den Strand.

Sie spielt auf einem [Xylophon]. Das lockt

einen [Boxer] an. Verliebt trägt er sie auf seine [Pyramide] .

Dort rührt eine [Hexe] mit ihrem [Mixer] eine Suppe.

Sie verkleidet sich mit einem [Zylinder]

und holt ihr [Handy]. Das [Baby] schreit.

Lenia reibt sich die Augen. So ein Quatsch!

2 Sprecht folgende Wörter deutlich.
Welche Laute hört ihr?

> **X/x** und **Y/y** sind Buchstaben, die nur selten vorkommen. Diese Wörter musst du dir merken.

3 Schlage die Wörter aus **2** nach und vergleiche.

4 Schreibe die Wörter aus **2** auf und markiere die besondere Stelle rot.

5 Sprecht diese Wörter deutlich. Wie hört sich der Buchstabe **y** an?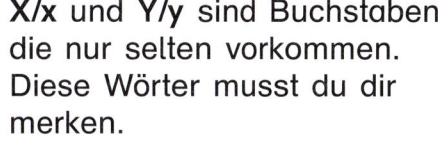

Pyramide   Zylinder   Baby

6 Schreibe die Wörter aus **5** auf und markiere die besondere Stelle rot.

7 Schreibe einen langen Satz mit möglichst vielen besonderen Wörtern auf.

Baby   Hexe

1 Lies den Text.
Schreibe die markierten Wörter auf Kärtchen.

Mina freut sich auf die lange freie Zeit.

Sie braucht keine Hausaufgaben mehr zu machen.

Sie schläft nun länger als sonst.

Oma und sie wollen oft das Freibad besuchen.

In der zweiten Woche ist sie auf einem Pferdehof .

Sie möchte jeden Tag auf einem Pony reiten.

Vorher striegelt sie es immer.

2 Bereite dein Rechtschreibgespräch vor.

Silbenbögen anders sprechen als lesen Stellen markieren

3 Führt ein Rechtschreibgespräch.

sehen hören sprechen weiterschwingen

ableiten ich kann es nicht erklären merken

4 Berichtet über eure Ergebnisse.

5 Wie ist euch das Rechtschreibgespräch gelungen?

6 Schreibe die Sätze aus 1 als

Schleichdiktat Partnerdiktat.

7 Schreibt diese Wörter auf Kärtchen.
Untersucht sie.

Babywiege Boxkämpfe Jahresuhr

Richtig schreiben: zeigen Rechtschreibbewusstsein, indem sie nachfragen, Strategien und Rechtschreibkenntnisse gezielt anwenden
Über Lernen sprechen: stellen eigene Lernergebnisse vor und vergleichen sie mit
denen anderer I verfügen über Formulierungsroutinen und Wortschatz

> AH, S. 68
> Rechtschreibgespräch,
   S. 134

1 Schreibe deine Adresse auf.

2 Lies die Sätze.
Schreibe sie richtig auf.

> Es dauert mehrere Tage, bis eine E-Mail ankommt.
> Ich klicke auf Senden, um die Postkarte abzuschicken.
> Eine Postkarte kommt oft schon nach Sekunden an.
> Auf der Rückseite der E-Mail ist oft ein schönes Bild.
> Der Briefträger bringt die E-Mails direkt nach Hause.

3 Finde in den Sätzen die Nomen, Verben und Adjektive.
Schreibe sie auf: Nomen: ..., Verben: ..., Adjektive: ...

> ALLE KINDER HÜPFEN FRÖHLICH AUS DER SCHULE.
> DER HAUSMEISTER HOLT SEINEN LANGEN BESEN.
> IMMER HABEN DIE KINDER DRECKIGE SCHUHE.
> SOLL ER DANN FÜR SAUBERE RÄUME SORGEN?

4 Schreibe die Nomen aus **3** mit Artikel
in Einzahl und Mehrzahl auf.

5 Schreibe die Verben aus **3**
in der ich-Form, du-Form und wir-Form auf.

6 Schreibe zu jedem besonderen Wort
einen lustigen Satz auf.

> Zahn Baby Uhr Zahl Axt Lexikon

7 Schätze dich ein.
Was gelingt dir, wo brauchst du noch Hilfe?
Welches Ziel möchtest du verfolgen?
Wie kann das gelingen?

Über Lernen sprechen: finden heraus, wie sich ihr Lernen entwickelt und wie sie noch besser lernen können I schätzen ihren Lernstand ein und setzen sich angemessene Ziele I benennen, auf welche Weise sie diese Ziele erreichen wollen

> AH, S. 69
> Das kann ich jetzt, S. 127

Schneemänner und Sandburgen

Texte mit Schrift gestalten

1 Lies das Gedicht und beschreibe.

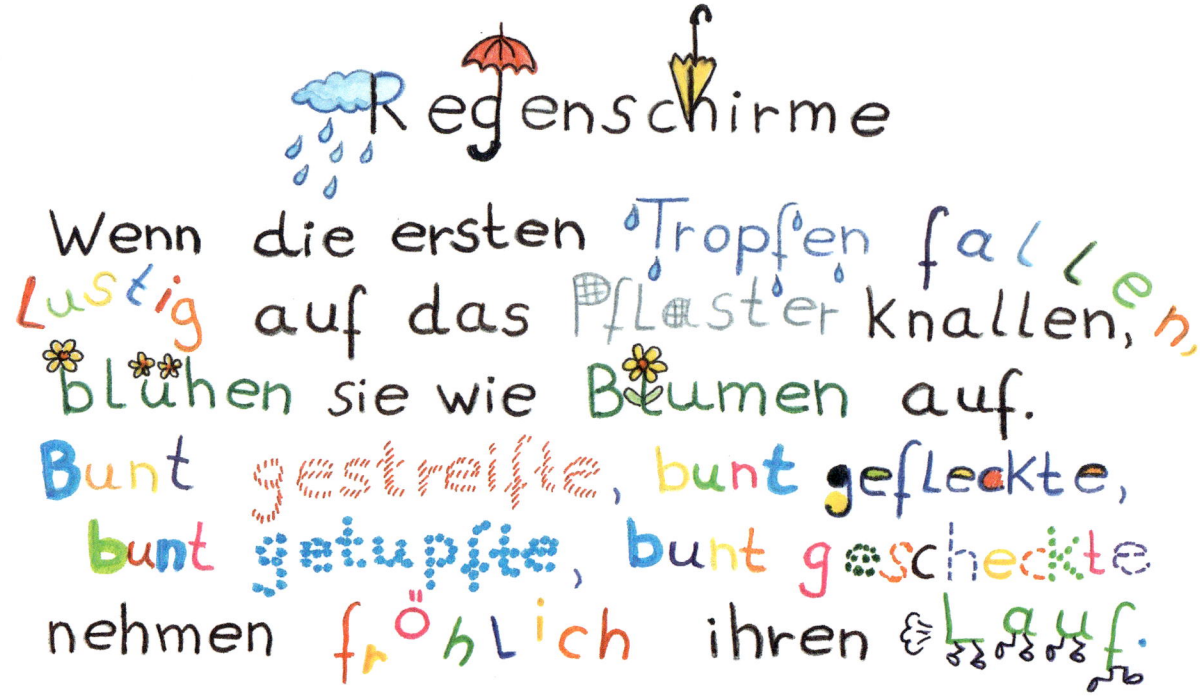

Regenschirme

Wenn die ersten Tropfen fallen
lustig auf das Pflaster knallen,
blühen sie wie Blumen auf.
Bunt gestreifte, bunt gefleckte,
bunt getupfte, bunt gescheckte
nehmen fröhlich ihren Lauf.

Seit die ersten Tropfen fielen
schweben sie auf dünnen Stielen
leuchtend, schimmernd, rund und glatt.
Bunt gestreifte, bunt gefleckte,
bunt getupfte bunt gescheckte
Schirme blühen in der Stadt.

Vera Ferra-Mikura

2 Suche dir Wörter aus und gestalte sie mit Schrift. *gestreifte*

Sonne   Blätter   rennen   gepunktet   kugelrund   Wasserwellen

3 Gestalte ein Gedicht mit Schrift.

Über Schreibfertigkeiten verfügen: gehen mit Schrift gestalterisch um und achten auf die Übersichtlichkeit und Wirkung ihrer Schriftstücke

> Texte präsentieren, S. 132

Wörter mit Umlauten schreiben

1 Lies und erzähle.

Körbchen, Bänkchen, Blümchen, Höschen …

Das ist mein Kopf. Das ist mein …

Das ist mein Köpfchen.

2 Führt das Gespräch zwischen Riese und Zwerg weiter.

3 Schreibe die Nomen mit Artikel
in der Einzahl und in der Mehrzahl auf.
Schreibe so: der Apfel – die Äpfel, das Buch – …

| Apfel | Buch | Korb | Land | Turm | Hut | Bank |

Ä/ä, Ö/ö und Ü/ü heißen Umlaute.

4 Kreist in euren Wörtern aus **3** den gemeinsamen
Wortstamm ein. Markiert die Veränderung.
Was fällt euch auf? Erklärt.

5 Finde das verwandte Wort und schreibe es auf.
Markiere den gemeinsamen Wortstamm.
Schreibe so: dümmer – dumm, größer – …

| dümmer | größer | klüger | kürzer |

Sprachgebrauch und
Sprache untersuchen
und reflektieren

Morphologisches Prinzip nutzen: finden gleiche Wortstämme in Wörtern
und schreiben Umlaute und Verhärtungen richtig

> AH, S. 70

117

Wünschen

1 Lies das Gedicht.

Ich wünsche mir zum Heiligen Christ
Ich wünsche mir zum Heiligen Christ
einen Kopf, der keine Vokabeln vergisst,
einen Fußball, der keine Scheiben zerschmeißt –
und eine Hose, die nicht zerreißt.

Ich wünsche mir zum Heiligen Christ
eine Oma, die nie ihre Brille vermisst,
einen Nachbarn, den unser Spielen nicht stört –
und einen Wecker, den niemand hört.

Erika Wildgrube-Ulrici

2 Sprecht über das Gedicht.
Welche Wünsche habt ihr? Vergleicht.

3 Michael möchte das Gedicht
bei einer Weihnachtsfeier vortragen.
Worauf muss er achten? △

> Hervorheben kannst
> du mit deiner Stimme
> und mit Bewegungen
> deines Körpers.

4 Lest euch das Gedicht laut vor.
Welche Wörter möchtet ihr
besonders hervorheben?

5 Übt den Gedichtvortrag mehrmals.
Gebt euch Rückmeldung.

6 Schreibe einen eigenen Wunschzettel
und gestalte ihn.

Einen Text szenisch umsetzen

1 Lies die Geschichte und erzähle.

Erzähler:	Es ist Nacht. Es herrscht Winter. Ein alter Wolf nähert sich dem Haus der Henne. Der Wolf klopft an die Tür, poch, poch, poch.
Henne:	Wer da?
Wolf:	Der Wolf. Hab keine Angst, Henne. Ich bin alt.
Erzähler:	Die Henne zögert. Sie hat ein bisschen Angst, aber sie ist neugierig. Also öffnet sie die Tür. Der Wolf tritt ein, seufzt und bittet um einen Kessel.
Wolf:	Hör zu, Henne, um Steinsuppe zu machen, braucht man einen Kessel. In einen Kessel gibt man einen großen Stein, tut Wasser hinein und wartet, bis es kocht.
Henne:	Ist das alles? Also, ich tue ja in meine Suppe immer ein bisschen Sellerie.
Wolf:	Das kann man, das gibt einen gewissen Geschmack.
Erzähler:	Das Schwein hat gesehen, wie der Wolf in das Haus der Henne gegangen ist. Es klopft an, poch, poch, poch.
Schwein:	Alles in Ordnung?

> Zuerst dachte ich ja, es gäbe Hühnersuppe.

nach Anaïs Vaugelade

2 Vermute, wie die Geschichte weitergehen könnte. △

3 Spielt die Geschichte. Verändert eure Stimme.

S. 126

4 Gebt euch Rückmeldung. Hat die Stimme zum Tier gepasst?

Mit Stichwörtern eine Geschichte erzählen

1 Erzähle die Geschichte mithilfe der Bilder und Stichwörter.

Osterhase traurig

bekommt nie
Osterhasen-Post

Osterhase streikt

Fällt Ostern aus?

Bestimmt finden wir jemand,
der uns bei der Post für
den Osterhasen helfen kann!"

Freunde
überlegen

Brief
schreiben?

2 Erfindet ein eigenes Geschichten-Ende. Malt dazu.

3 Stellt euer Geschichten-Ende vor.

4 Spielt die Geschichte nach.

S. 126

5 Gebt euch Rückmeldung.

Einen Brief schreiben

1 Lies.

Lieber Osterhase,

ich heiße Lotta und bin vier.
Ich kann noch nicht schreiben,
aber mein Papa.
Dafür habe ich ein Bild
für dich gemalt.
Das bist du, mit vielen Glitzereiern.
Die wünsche ich mir nämlich
dieses Jahr.
Ich freue mich so auf dich!

Viele Grüße
von Lotta

2 Was schreibt Lotta an den Osterhasen? Erzählt.

3 Plant einen Brief an den Osterhasen.
Sammelt Ideen.

4 Schreibe deinen Brief.
Beachte den Anfang und
das Ende des Briefes.
Achte auf die richtige Schreibweise.

5 Präsentiert eure Briefe.

Gedichte schreiben (Elfchen)

1 Lies das Gedicht.
Es heißt Elfchen. Warum? △

Wasser
im Schwimmbad
hell und klar
es ist so erfrischend
platsch

Was siehst du?
Wo siehst du es?
Wie siehst du es?
Was hast du gefühlt oder gedacht?
Finde ein Abschluss-Wort.

2 Schreibe mit diesen Wörtern ein Elfchen.

am Meer   der Sommer ist schön   Ferien

Sonne   warm und hell

__ __
__ __ __
__ __ __ __
__ __

3 Finde Wörter, die zum Sommer passen.

S. 131 **4** Schreibe ein Sommer-Elfchen. Achte auf die richtige Schreibweise.

5 Gestalte und präsentiere dein Elfchen in einer Ausstellung.

Texte planen und schreiben: schreiben eigene kreative Texte, indem sie kindgerechte
literarische Formen und Textmuster variieren
Über Schreibfertigkeiten verfügen: achten auf die Übersichtlichkeit und Wirkung ihrer
Schriftstücke

> AH, S. 73
> Elfchen, S. 131

Ein Sprechtaculum schreiben

1 Lest die Texte laut vor.
Jeder liest nacheinander eine Zeile.
Was fällt euch auf?

Sommerferien zeit
Ferien zeit sommer
Sommerferienzeit
Zeit ferien sommer
Sommer ferien zeit

Kinderspielplatz
Spielplatzkinder
Kinderspielplatz
Platzspielkinder
Kinderspielplatz

Kornblumenfeld
Blumenfeldkorn
Kornblumenfeld
Feldblumenkorn
Kornblumenfeld

2 Finde in jedem Sprechtaculum die drei Nomen.

S. 131

3 Wähle drei Nomen aus.
Schreibe ein Sprechtaculum. Achte auf die richtige Schreibweise.

Mango   Eis   Becher   Tee   Waffel   Nuss

4 Schreibe ein Sprechtaculum mit drei neuen Nomen.

5 Präsentiere dein Sprechtaculum.

Texte planen und schreiben: schreiben eigene kreative Texte, indem sie kindgerechte literarische Formen und Textmuster variieren I zeigen beim Schreiben eigener Texte Rechtschreibbewusstsein > Sprechtaculum, S. 131

Ich – du – wir

1. Ich arbeite alleine.
2. Ich tausche mich mit einem Partnerkind aus.
3. Wir sprechen über unsere Ergebnisse in der Gruppe.
4. Wir ergänzen.
5. Ich arbeite mit den Ideen weiter.

Partnerarbeit

1. Wir arbeiten gemeinsam und helfen uns.
2. Wir sprechen in Flüstersprache.
3. Wir halten die Gesprächsregeln ein.
4. Wir sind beide für das Ergebnis der Partnerarbeit verantwortlich.

5-Finger-Methode

1. Ich zeichne meine Hand auf ein Blatt.
2. Ich sammle Ideen.
3. Ich schreibe sie in die Finger.
4. Ich vergleiche mit einem Partnerkind.

Sprechen und Zuhören:
- Verstehend zuhören
- Zu anderen sprechen
- Gespräche führen

Murmelrunde

1. Ich denke über ein Thema nach.
2. Ich tausche mich mit anderen Kindern aus.
3. Ich spreche dabei in Flüstersprache.

Gesprächsregeln

<u>Erzählregeln</u>

- Ich schaue die Zuhörer an.
- Ich spreche laut und deutlich.
- Ich beantworte Fragen.
- Ich lasse andere ausreden.

<u>Zuhörregeln</u>

- Ich höre zu.
- Ich verhalte mich ruhig.
- Ich schaue den Erzähler freundlich an.
- Ich denke mit.
- Ich frage nach.

Rückmeldung geben

- Ich bin höflich und lobe.
- Ich gebe Tipps zur Verbesserung.
- Ich begründe meine Meinung.

> Ich finde die Geschichte sehr spannend.

> Deine Satzanfänge sind alle gleich.

> ...

	Mir gefällt ...
	Du könntest noch etwas verbessern.
Tipp	Ich gebe dir den Tipp ...

Methoden und
Arbeitstechniken

Sprechen und Zuhören:
- Gespräche führen
- Über Lernen sprechen

125

Einen Vortrag halten

Vor dem Vortrag
- schreibe ich einen Notizzettel,
- übe ich den Vortrag
  mit einem Partner
  oder allein vor einem Spiegel.

Während des Vortrags
- spreche ich laut und deutlich,
- spreche ich langsam und mache Pausen,
- schaue ich meine Zuhörer an,
- hören die Zuhörer genau zu.

Nach dem Vortrag
- antworte ich auf Fragen,
- hole ich Rückmeldungen ein,
- setze ich mir ein Ziel für den nächsten Vortrag.

Szenisch spielen

- Ich lese den Text und/oder schaue mir die Bilder an.
- Ich spreche mit anderen Kindern über den Text.
- Ich wähle eine Gestalt aus
  und fühle mich in die Gestalt ein.
- Ich sammle Ideen, was die Gestalt sprechen könnte.
- Ich übe mit den anderen Kindern.
- Dabei verändere ich meine Stimme passend
  und setze meinen Körper ein.
- Ich präsentiere das Spiel mit den anderen Kindern.
- Die Zuschauer beobachten genau.
- Wir holen uns Rückmeldung ein.

Sprechen und Zuhören:
- Zu anderen sprechen
- Verstehend zuhören
- Szenisch spielen

Über Lernen sprechen

- Ich schätze meine/unsere Arbeit ein.
- Ich sage, was ich weiß und was mir gefallen hat.
- Ich sage, was ich verbessern kann
  und was ich mir für meine Arbeit vornehme.
- Ich begründe meine Meinung.

 Ich bin sehr zufrieden.

Ich könnte noch etwas verbessern.

Tipp Ich nehme mir etwas vor ...

Was nimmst du dir für deine nächste Partnerarbeit vor?

Und wie war das Lernen bei euch?

Das kann ich jetzt/Mein Lerntagebuch

- Am Ende des Kapitels wiederhole ich,
  was ich gelernt habe.
- Ich überlege, was ich gut kann
  und was ich noch üben möchte.
- Ich arbeite in meinem Lerntagebuch.

 Das kann ich jetzt.

Das muss ich noch üben.

Das nehme ich mir vor.

So schätze ich mich selbst ein.

Tipp Da will ich weiterarbeiten.

Nomen kann ich erkennen, aber Artikel finde ich schwierig.

Texte planen – Schreibziel

Texte planen – Ideenblitze

Ideenblitze helfen mir, eine Geschichte zu planen.

1. Ich sammle Ideen und schreibe sie auf.
2. Ich wähle aus, welche Ideen
   ich für meine Geschichte brauche.

Max hat sich versteckt.

Waldhütte

Maria findet …

Angst

…

Texte planen – Schreibplan

- Ich entscheide mich
  für eine Schreibidee.
- Ich notiere meine Schreibidee
  und schreibe Ideenblitze.

- Ich plane einen Text und
  schreibe einen Schreibplan.
- Ich schreibe meine Geschichte.
- Ich finde eine passende Überschrift.

Ablaufplan
Schreibidee:
Ideenblitze: 
Anfang:
Was nun?
Ende:
Überschrift:

Texte formulieren

Vollständige Sätze schreiben
Es wird gesagt, wer etwas tut oder was geschieht.
Jeder Satz endet mit einem Satzschlusszeichen.

Verschiedene Satzanfänge finden
Ein Text klingt interessanter, wenn er verschiedene Satzanfänge hat.

Passende Wörter finden
Ein Text klingt abwechslungsreicher, wenn du
passende Wörter aus Wortfeldern nutzt.

Passende Überschrift finden
Eine gute Überschrift macht neugierig, verrät aber nicht zu viel.

Texte schreiben – Textaufbau

Steckbrief

- Ich schreibe mit
  leserlicher Schrift.
- Ich finde eine Überschrift.
- Ich benutze Oberbegriffe
  und Stichwörter:
  Ein **Oberbegriff**
  sammelt Unterbegriffe
  (Tiere: Hunde, Katzen).
  Ein **Stichwort** ist ein Wort,
  mit dem ich mir mehrere
  Dinge merken kann.
- Ich halte eine
  sinnvolle Reihenfolge ein.

Geschichte

- Ich sammle Ideen
  mit den Ideenblitzen
  oder dem Schreibplan.
- Ich schreibe genau und
  ausführlich, was passiert.
- Ich finde einen
  passenden Schluss.
- Ich formuliere
  in ganzen Sätzen.
- Ich finde eine
  passende Überschrift.

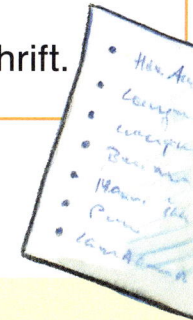

Texte schreiben – Textaufbau

Anleitung

- Ich halte eine sinnvolle Reihenfolge ein.
- Ich beschreibe, was passiert.
- Ich verwende treffende Verben und Fachausdrücke.

Einladung

- Ich schreibe mit leserlicher Schrift.
- Ich schreibe eine passende Anrede.
- Ich nenne im Text alle Informationen: Anlass, Ort, Datum, Uhrzeit.
- Ich schreibe einen Gruß ans Ende.

Postkarte

- Ich notiere Ort und Datum oben rechts in der Ecke.
- Ich schreibe eine passende Anrede.
- Ich schreibe die Anschrift auf die rechte Seite: Name, Straße, Hausnummer, Postleitzahl, Wohnort.
- Ich schreibe einen Gruß ans Ende.

Achrostichon

- Ich schreibe die Buchstaben eines Wortes senkrecht untereinander.
- Ich finde zu jedem Buchstaben ein neues Wort.
- Die neuen Wörter müssen zu dem ersten Wort passen.
- Ich gestalte mein Achrostichon.

Schreiben:
- Texte planen und schreiben

Texte schreiben – Textaufbau

Sprechtaculum

- Ich finde drei Nomen und setze sie zusammen.
- Ich schreibe das Nomen in die 1., 3. und 5. Zeile.
- Ich setze die Nomen neu zusammen.
- Ich schreibe sie in die 2. und 4. Zeile.
- Ich gestalte mein Sprechtaculum.

Elfchen

- Ich schreibe mit leserlicher Schrift:
  1 Wort: Was siehst du?
  2 Wörter: Wo siehst du es?
  3 Wörter: Wie siehst du es?
  4 Wörter: Was hast du gefühlt oder gedacht?
  1 Wort: Ich finde ein Abschlusswort.
- Ich gestalte mein Elfchen.

Texte überarbeiten – Leseversammlung

1. Ich lese meinen Text vor.
2. Die anderen Kinder hören mir zu.
3. Die Zuhörer geben mir Rückmeldung.
4. Ich überarbeite meinen Text.

Plakate gestalten

- Ich schreibe mit leserlicher Schrift.
- Ich gebe dem Plakat eine Überschrift.
- Ich benutze Oberbegriffe und ordne sie übersichtlich an.

Texte präsentieren

Wenn ich mit meinem Text zufrieden bin,
kann ich ihn veröffentlichen.

Ich schreibe ihn
- mit dem Computer,
- auf ein Schmuckblatt,
- in mein Geschichtenheft.

Ich kann den Text auch
- vorlesen oder
- auf ein Plakat schreiben und vorstellen.

Medienbildung

Es gibt viele Medien:

Mediennutzung

Medien nutze ich, wenn ich

- mich informieren möchte,
- etwas gestalten will,
- unterhalten werden will oder
- mit jemandem sprechen möchte.

Basiskompetenzen

Auf Seite 99 habe ich die Tastatur kennengelernt.

Kommunizieren und Kooperieren

So schreibe ich eine E-Mail:

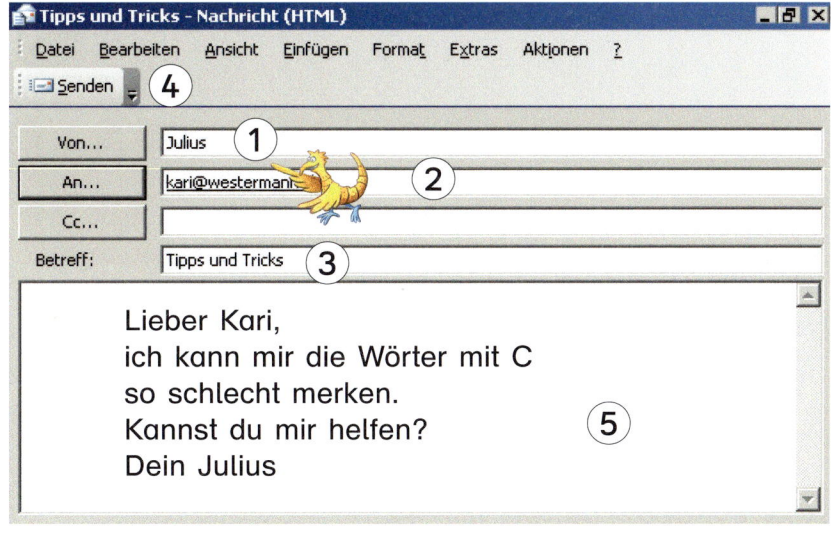

① Absender
   der E-Mail

② E-Mail-Adresse

③ Betreff:
   Worum geht es?

④ Senden:
   Verschicken
   der E-Mail

⑤ Text der E-Mail

Suchen und Verarbeiten

So suche ich etwas im Internet:

- 2–3 Begriffe in die Suchmaske schreiben (meist Nomen)
- einen Treffer anklicken

Hier kann ich Informationen finden:

www.blinde-kuh.de   www.fragfinn.de

Sternenforscher-Rechtschreibgespräch

Das Gespräch vorbereiten

- Du untersuchst die Wörter mit Silbenbögen.
- Du findest eine Stelle im Wort, die du nicht gut hören kannst oder die du schwierig findest. Kreise sie ein.
- Du findest eine Stelle im Wort, die du anders siehst, als du sie sprichst oder hörst:
  Ich sehe Hun**d**. – Ich spreche/höre Hun**t**.
  Ich sehe M**äu**se. – Ich spreche/höre M**eu**se.
  Diese Stellen sind Aufpass-Stellen,
  die du mit den Strategien ↶ oder ↳ erklären kannst.
  Kreise sie ein.
- Es gibt Aufpass-Stellen, die du nicht erklären kannst (**V**ogel).
  Diese besondere Stelle musst du dir merken. M
  Kreise sie ein.

Das Rechtschreibgespräch führen

- Du sprichst mit einem Partnerkind über die Wörter.
  Ihr erklärt euch gegenseitig die eingekreisten Stellen.
- Deine schwierigen Stellen markierst du grün.
- Aufpass-Stellen, die ihr euch erklären könnt, markierst du orange.
- Aufpass-Stellen, die ihr euch merken müsst, markierst du rot.

Du verwendest beim Erklären diese Wörter:

| Silben | Silbenkerne | offen | geschlossen |

| klar | undeutlich | kurz | lang |

| ich sehe | ich höre | ich spreche |

| ich schwinge weiter | ich leite ab |

| ich kann es nicht erklären | ich merke mir |

Abschreiben

1. Ich lese in Silben.
2. Ich verdecke das Wort und merke es mir.
3. Ich schreibe und spreche dabei genau mit.
4. Ich kontrolliere genau.

Schleichdiktat

1. Ich lege den Text an eine entfernte Stelle im Raum.
2. Ich lese einen Teil und merke ihn mir.
3. Ich schleiche zu meinem Platz, schreibe und spreche dabei genau mit.
4. Zum Schluss hole ich mir den Text und kontrolliere jedes Wort genau.
5. Ich verbessere meine Fehler.

Partnerdiktat

1. Ich diktiere und beobachte mein Partnerkind beim Schreiben.
2. Mein Partnerkind schreibt und spricht leise mit.
3. Bei einem Fehler sage ich: „Stopp!"
4. Wir sprechen über den Fehler und verbessern ihn.
5. Wir wechseln uns ab.

Richtig schreiben

- Ich spreche in Silben genau mit.

- Ich spreche eine Stelle und kann
  verschiedene Buchstaben dafür schreiben.
  Bei dieser Aufpass-Stelle wende ich
  eine Strategie an.

- Ich beachte die Großschreibung.

- Ich achte auf Wortbausteine.

Wörter nachschlagen

- Bin ich mir nicht sicher, wie das Wort geschrieben wird,
  schlage ich das Wort nach.

- Ich schreibe das Wort auf, markiere die besondere Stelle
  und spreche die Besonderheit. (**Vulkan** schreibe ich mit **V**.)

- Wenn ich ein Wort nicht finden kann,
  überlege ich, ob es einen anderen
  Anfangsbuchstaben haben könnte.
  Ich höre Fater. Ich schreibe Vater.

> Findest du ein Wort
> nicht in der Wörterliste
> unter **F/f** oder **W/w**,
> suchst du unter **V/v**.

- Wenn der erste Buchstabe gleich ist,
  schaue ich mir den nächsten Buchstaben an.

der **Vampir**, die Vampire
die **Vase***, die Vasen
der **Vater***, die Väter
das **Veilchen**, die Veilchen
das **Versteck**, die Verstecke

Häufigkeitswörter üben

In jedem Kapitel finde ich so gekennzeichnete Wörter:

weil   in   nun   bei   sind   und

- Diese Wörter werden häufig benutzt.
  Ich soll sie sicher schreiben können.
  Dafür muss ich sie üben!

- Ich schreibe sie auf kleine Karten.

- Ich kann sie in einer Schachtel oder
  in einem besonderen Heft sammeln.

Ergänze auch
deine eigenen
Übungswörter.

- Ich schreibe mit diesen Wörtern Sätze:
  Nun bleiben wir in der Klasse, weil wir
  bei Regen und Schnee nicht auf den Hof gehen.

Besondere Wörter üben

Clown   Cent   Computer

- Ich sammle diese besonderen Wörter auch in meiner Wörterschachtel oder in meinem besonderen Heft.

- Ich übe sie mit den Übungen von Seite 138
  Ich spreche die Aufpass-Stelle immer mit.
  (Cent schreibe ich mit C.)
  Ich markiere die Aufpass-Stelle rot.

- Ich schaue mir das besondere Wort an
  und schreibe es auswendig auf.

- Wenn ich jeden Tag 10 Minuten übe,
  sind die besonderen Wörter schnell in meinem Gedächtnis.

So kann ich die besonderen Wörter auch noch üben:

Ich suche die besonderen Wörter in der Wörterliste und schreibe sie mit Seitenzahl auf:

backen, Seite 140
Katze, Seite 143

Ich ordne die besonderen Wörter nach dem Abc:

Hai
Kaiser
Mädchen
Mai

Spinnennetz
Ich schreibe die Wörter mehrfach:

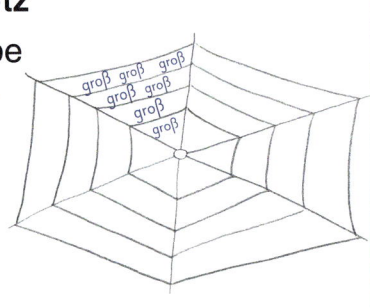

Ich schreibe meine schwierigen Wörter auf. Ich benutze verschiedene Farben und Formen:

Vogel   viel   Hai

Ich ordne die Wörter nach der Anzahl der Buchstaben:

Hai, Mai
Kaiser
Mädchen

Ich schreibe einen Satz mit vielen besonderen Wörtern:

Das Mädchen besucht im Mai den Kaiser und bringt einen Hai mit.

Mit den Wörtern aus meiner Wörterschachtel oder meinem besonderen Heft kann ich auch
- ein Schleichdiktat oder
- ein Partnerdiktat

schreiben.

Sprache und Sprachgebrauch untersuchen und reflektieren:
Richtig schreiben

aber
als
also
auf
aus

er
es

für

ja

mit

schon
sie
sind
so

bei

her
hinter

nach
nein
nicht
nun

über
um
und

da
das
der
des
dir
dich
die
doch
du
durch

ich
im
in
ist

oder

was
weil
weiter
wer
wir
wo

Wörterliste

A

der **Affe**, die Affen
alle *
die **Ameise** *, die Ameisen
die **Angel**, die Angeln
die **Angst**, die Ängste
antworten *, er antwortet
der **Apfel** *, die Äpfel
der **April**
arbeiten *, sie arbeitet
der **Arm**, die Arme
die **Aufgabe** *, die Aufgaben
das **Auge** *, die Augen
der **August**
das **Auto** *, die Autos
die **Axt**, die Äxte

B

das **Baby** *, die Babys
backen, er backt
der **Bäcker**, die Bäcker
baden *, er badet
die **Badewanne**, die Badewannen
der **Ball**, die Bälle
die **Bank** *, die Bänke
der **Bär**, die Bären
der **Bart**, die Bärte
der **Baum** *, die Bäume
der **Berg**, die Berge
der **Besen**, die Besen
das **Besteck**, die Bestecke
der **Besuch**, die Besuche
die **Biene** *, die Bienen
das **Bild** *, die Bilder

die **Birne** *, die Birnen
blau *
bleiben *, es bleibt
der **Blick**, die Blicke
der **Blitz**, die Blitze
der **Block**, die Blöcke
die **Blume** *, die Blumen
die **Blüte** *, die Blüten
der **Bock**, die Böcke
böse *
der **Boxer**, die Boxer
brauchen *, sie braucht
braun *
brav
die **Brezel**, die Brezeln
der **Brief**, die Briefe
bringen *, er bringt
das **Brot** *, die Brote
der **Bruder** *, die Brüder
der **Bub** *, die Buben
das **Buch** *, die Bücher
bunt *
die **Burg**, die Burgen

C

das **Camping**
der **Cent** *, die Cents
der **Clown** *, die Clowns
die **Cola**, die Colas
der **Comic**, die Comics
der **Computer** *, die Computer
der **Container**, die Container
die **Cornflakes**
die **Couch**, die Couchs

* Diese Wörter sind im Grundwortschatz von Jahrgangsstufe 1 und 2 enthalten.

der **Cowboy**, die Cowboys
die **Creme**, die Cremes

D

danken*, er dankt
denken*, sie denkt
die **Decke**, die Decken
der **Dezember**
dick*
der **Dieb**, die Diebe
das **Domino**, die Dominos
die **Dose***, die Dosen
drei
dunkel*
dürfen, er darf

E

die **Ecke**, die Ecken
das **Ei***, die Eier
die **Eiche**, die Eichen
das **Eichhörnchen**,
die Eichhörnchen
der **Eimer**, die Eimer
die **Einladung**, die Einladungen
das **Eis***
der **Elefant**, die Elefanten
das **Ende***, die Enden
eng*
die **Ente***, die Enten
der **Esel***, die Esel
essen, sie isst
die **Eule**, die Eulen
der **Euro***, die Euros

F

das **Fahrrad**, die Fahrräder
fallen, er fällt
falsch
fangen, sie fängt
der **Februar**
die **Feder***, die Federn
fein*
das **Fenster***, die Fenster
das **Feuer**, die Feuer
finden*, sie findet
der **Fisch**, die Fische
die **Flasche**, die Flaschen
der **Fleck**, die Flecken
der **Fleiß**
die **Fliege**, die Fliegen
das **Floß**, die Flöße
die **Flöte**, die Flöten
fragen*, sie fragt
die **Frau***, die Frauen
der **Freund***, die Freunde
die **Freundin**, die Freundinnen
frisch*
der **Frosch**, die Frösche
der **Frühling***
der **Füller***, die Füller
der **Fuß***, die Füße
der **Fußball**, die Fußbälle

G

die **Gabel***, die Gabeln
der **Garten***, die Gärten
geben*, sie gibt
das **Gefäß**, die Gefäße
gehen*, er geht
gelb*
das **Gemüse***, die Gemüse
das **Geschenk**, die Geschenke
gesund*
die **Giraffe**, die Giraffen
das **Gras***, die Gräser
groß*
grün*
grüßen, sie grüßt
der **Gruß**, die Grüße
gucken, er guckt
die **Gurke**, die Gurken
gut*

H

haben*, er hat
die **Hacke**, die Hacken
der **Hahn**, die Hähne
der **Hai***, die Haie
die **Hand**, die Hände
das **Handy**, die Handys
die **Harke**, die Harken
der **Hase***, die Hasen
das **Haus***, die Häuser
der **Hausmeister**, die Hausmeister
das **Haustier**, die Haustiere
das **Heft**, die Hefte
heiß

helfen, er hilft
das **Heu**
die **Hexe***, die Hexen
der **Himmel***
hoch*
holen*, sie holt
hören*, er hört
das **Horn**, die Hörner
die **Hose***, die Hosen
der **Huf**, die Hufe
das **Huhn**, die Hühner
die **Hummel**, die Hummeln
der **Hund***, die Hunde
der **Hut**, die Hüte

I

der **Igel**, die Igel

J

jagen, sie jagt
das **Jahr***, die Jahre
der **Januar**
das **Jojo**, die Jojos
der **Juli**
der **Junge***, die Jungen
der **Juni**

K

der **Käfer**, die Käfer
der **Käfig**, die Käfige
der **Kaiser***, die Kaiser
der **Kalender**, die Kalender
kalt
das **Känguru**, die Kängurus
die **Karte**, die Karten
der **Käse**
die **Katze***, die Katzen
kaufen, sie kauft
die **Kerze**, die Kerzen
das **Kind***, die Kinder
kippen, er kippt
die **Kirche**, die Kirchen
die **Kirsche**, die Kirschen
die **Kiste***, die Kisten
klar
die **Klasse***, die Klassen
das **Klavier**, die Klaviere
das **Kleid***, die Kleider
klein*
klettern, er klettert
der **Kloß**, die Klöße
der **Koch**, die Köche
können*, sie kann
der **Kopf***, die Köpfe
der **Korb**, die Körbe
die **Kraft**, die Kräfte
krank*
die **Kuh**, die Kühe
das **Küken**, die Küken

L

das **Land**, die Länder
laufen*, sie läuft
laut*
leben*, es lebt
legen*, er legt
leicht*
leise*
die **Leiter**, die Leitern
der **Leopard**, die Leoparden
lernen*, sie lernt
die **Leute***
das **Lexikon**, die Lexika
lieben*, sie liebt
liegen*, es liegt
der **Löffel**, die Löffel
der **Löwe***, die Löwen
die **Lupe**, die Lupen

M

machen*, er macht
das **Mädchen***, die Mädchen
der **Mai***
malen*, sie malt
der **Maler**, die Maler
der **März**
die **Mauer**, die Mauern
die **Maus***, die Mäuse
die **Medizin**
mehr
die **Melone**, die Melonen
das **Messer**, die Messer
das **Mikado**, die Mikados
das **Mikroskop**, die Mikroskope

die **Milch**
der **Mixer**, die Mixer
müssen*, es muss
die **Mutter***, die Mütter
die **Mütze**, die Mützen

N

die **Nadel***, die Nadeln
der **Name***, die Namen
das **Nashorn**, die Nashörner
der **Nebel***, die Nebel
neu*
die **Nixe**, die Nixen
der **November**

O

ohne
der **Oktober**
das **Öl**, die Öle
die **Oma***, die Omas
der **Onkel***, die Onkel
der **Opa***, die Opas

P

das **Paket**, die Pakete
der **Partner***, die Partner
die **Pfeife**, die Pfeifen
das **Pferd***, die Pferde
die **Pflanze***, die Pflanzen
der **Pinsel***, die Pinsel
das **Plakat**, die Plakate
das **Pony**, die Ponys

der **Pullover**, die Pullover
putzen, er putzt
die **Pyramide**, die Pyramiden

Qu

das **Quadrat***, die Quadrate
quaken, er quakt
die **Qual**, die Qualen
die **Qualle**, die Quallen
der **Qualm**
der **Quark**
quasseln, sie quasselt
der **Quatsch***
die **Quelle***, die Quellen
quieken, es quiekt

R

der **Rabe***, die Raben
raten, sie rät
die **Ratte**, die Ratten
der **Raum**, die Räume
die **Raupe***, die Raupen
rechnen*, sie rechnet
reden*, er redet
das **Regal**, die Regale
der **Regen***
der **Reifen**, die Reifen
reisen*, sie reist
die **Rinde**, die Rinden
der **Ring***, die Ringe
der **Rock**, die Röcke
rollen*, es rollt
der **Roller**, die Roller

die **Rose**, die Rosen
rot*
der **Rücken**, die Rücken
rufen*, er ruft

S

die **Säge**, die Sägen
sagen*, sie sagt
die **Salami**, die Salamis
das **Salz***, die Salze
der **Satz***, die Sätze
sauber
das **Schaf***, die Schafe
der **Schal**, die Schals
der **Schatz**, die Schätze
die **Schaufel**, die Schaufeln
die **Schaukel**, die Schaukeln
der **Schaum**
scheinen*, es scheint
die **Schere***, die Scheren
der **Schirm**, die Schirme
schlafen*, sie schläft
der **Schlauch**, die Schläuche
das **Schloss**, die Schlösser
schlucken, er schluckt
der **Schlüssel**, die Schlüssel
die **Schnecke**, die Schnecken
schneiden*, sie schneidet
schön*
schreiben*, er schreibt
die **Schrift**, die Schriften
der **Schuh**, die Schuhe
die **Schule***, die Schulen
schütteln, sie schüttelt

der **Schutz**
der **Schwan**, die Schwäne
der **Schwanz**, die Schwänze
schwarz*
das **Schwein**, die Schweine
die **Schwester***, die Schwestern
schwimmen, es schwimmt
die **Seife***, die Seifen
das **Seil**, die Seile
der **September**
das **Sieb**, die Siebe
sieben*
singen*, sie singt
sitzen*, er sitzt
das **Sofa**, die Sofas
sollen*, sie soll
der **Sommer***
die **Sonne***
der **Sonnenschirm**, die Sonnenschirme
die **Soße**, die Soßen
sparen*, er spart
der **Spaß**, die Späße
der **Spatz**, die Spatzen
der **Specht**, die Spechte
der **Spiegel**, die Spiegel
das **Spiel**, die Spiele
spielen*, sie spielt
der **Spieß**, die Spieße
die **Spinne**, die Spinnen
der **Sport***
sprechen*, er spricht
die **Spritze**, die Spritzen
der **Stab**, die Stäbe
der **Stein***, die Steine

die **Stelzen**

der **Stempel**, die Stempel

der **Stern***, die Sterne

der **Stiefel**, die Stiefel

der **Stier**, die Stiere

der **Stock**, die Stöcke

die **Straße**, die Straßen

der **Strauß**, die Sträuße

das **Stück**, die Stücke

die **Stufe**, die Stufen

die **Stunde***, die Stunden

suchen*, er sucht

süß

T

der **Tag***, die Tage

die **Tafel**, die Tafeln

die **Tanne**, die Tannen

die **Tante***, die Tanten

die **Tasche***, die Taschen

die **Taube**, die Tauben

das **Telefon***, die Telefone

der **Teller**, die Teller

das **Tennis**

der **Tisch***, die Tische

die **Tomate***, die Tomaten

das **Tor**, die Tore

die **Torte**, die Torten

tragen, sie trägt

die **Träne**, die Tränen

der **Traum**, die Träume

trinken*, sie trinkt

die **Tulpe**, die Tulpen

tun*, er tut

die **Tür**, die Türen

der **Turm**, die Türme

turnen*, er turnt

die **Tüte**, die Tüten

U

üben*, er übt

das **Ufo**, die Ufos

die **Uhr***, die Uhren

der **Urlaub**, die Urlaube

V

der **Vampir**, die Vampire

die **Vase***, die Vasen

der **Vater***, die Väter

das **Veilchen**, die Veilchen

das **Versteck**, die Verstecke

das **Video**, die Videos

viel*

viele

vielleicht

die **Violine**, die Violinen

der **Vogel***, die Vögel

voll

vom

von

vor*

vorbei

der **Vorhang**, die Vorhänge

vorher

der **Vulkan**, die Vulkane

W

die **Wanne**, die Wannen
warten*, sie wartet
waschen, er wäscht
das **Wasser***
der **Weg***, die Wege
weiß
werben, er wirbt
die **Wiese***, die Wiesen
der **Wind***, die Winde
der **Winter***
die **Wippe**, die Wippen
der **Witz**, die Witze
die **Woche***, die Wochen
die **Wohnung**, die Wohnungen
der **Wolf***, die Wölfe
die **Wolke***, die Wolken
wollen*, er will
das **Wort***, die Wörter
wünschen*, sie wünscht
der **Wurm**, die Würmer
die **Wurst**, die Würste
die **Wurzel***, die Wurzeln

X

das **Xylophon**, die Xylophone

Y

Z

die **Zahl***, die Zahlen
zahlen*, er zahlt
zählen*, sie zählt
der **Zahn***, die Zähne
die **Zange**, die Zangen
der **Zauberer**, die Zauberer
der **Zaun**, die Zäune
das **Zebra**, die Zebras
zeigen*, er zeigt
die **Zeit***, die Zeiten
das **Zelt**, die Zelte
die **Ziege***, die Ziegen
das **Zimmer**, die Zimmer
die **Zitrone**, die Zitronen
der **Zug**, die Züge
die **Zunge**, die Zungen
zwei*
der **Zweig**, die Zweige
der **Zwerg**, die Zwerge
die **Zwiebel**, die Zwiebeln
der **Zylinder**, die Zylinder

Abc (Alphabet)

Das Abc (Alphabet) hat 26 Buchstaben:

A B C D E F G H I J K L M N O P Q R S T U V W X Y Z
a b c d e f g h i j k l m n o p q r s t u v w x y z

Adjektiv

Mit Adjektiven kann man etwas genauer beschreiben.
Sie sagen, wie jemand oder etwas ist. Adjektive kann man verändern.
Wie ist der Hahn? bunt — der bunte Hahn — Der Hahn ist bunt.

Artikel

Nomen haben einen passenden Begleiter. Man nennt ihn Artikel.
der Hund, die Schule, das Tier
Es gibt **bestimmte** Artikel: der, die, das
Es gibt **unbestimmte** Artikel: ein, eine
der Stift — ein Stift, das Tier — ein Tier, die Schule — eine Schule

Konsonanten

Alle Buchstaben im Abc, die keine Vokale sind, heißen Konsonanten.

Laut

Laute nennt man die Buchstaben, wenn sie ausgesprochen werden.
Laute kann man hören, Buchstaben kann man sehen.
Es gibt diese Laute: Vokale, Konsonanten, Umlaute und Zwielaute.

Nomen

Wörter für Menschen, Tiere, Pflanzen und Dinge heißen Nomen.
Nomen schreibt man groß: Lehrer, Hund, Blume, Ball, ...
Die meisten Nomen gibt es in der **Einzahl** und in der **Mehrzahl**.
die Lampe — die Lampen, der Pinsel — die Pinsel, das Heft — die Hefte

Satz

Aus Wörtern kann man Sätze bilden.
Satzanfänge schreibt man groß.
Am Ende des Satzes steht ein **Satzzeichen**.
Am Ende eines **Aussagesatz**es steht ein Punkt. Momo sitzt am Computer.
Am Ende eines **Fragesatz**es steht ein Fragezeichen.
Wo bist du? Gehst du in den Zoo?
Am Ende eines **Ausrufesatz**es steht ein Ausrufezeichen. Lass das! Hilfe!

Silben

Wörter kann man in Silben einteilen: Buben.

Ein Wort kann aus einer Silbe oder mehreren Silben bestehen.

Jede Silbe hat einen Silbenkern.

Silbenkern

Es gibt Silbenkerne aus den Vokalen **a, e, i, o, u**,

aus den Zwielauten **au, ei, eu**

und aus den Umlauten **ä, ö, ü.**

Text

Jeder Text hat eine **Überschrift**. Sie verrät, worum es in dem Text geht.

Eine Reihe in einem Text wird **Zeile** genannt.

Manchmal ist ein Text in mehreren **Spalten** geschrieben.

Spalten werden von oben nach unten gelesen.

Einen Abschnitt eines Textes nennt man **Absatz**.

Umlaut

Aus den Vokalen a, o, u können die Umlaute ä, ö, ü werden.

alt — älter, Wolf — Wölfe, Buch — Bücher

Verb

Wörter wie reiten, lesen, trinken heißen Verben.

Verben sagen, was jemand tut oder was geschieht.

Verben verändern sich im Satz.

Es kommt darauf an, wer etwas tut.

Ich male. — Du malst. Er / Sie / Es malt. Wir malen.

Die **Grundform** von Verben ist meist die **wir-Form**.

Im Wörterbuch stehen Verben in der Grundform.

wir schwingen — schwingen

Die verschiedenen Endungen -e , -st , -t , -en

sind Wortbausteine.

Manche Verben ändern im Wortstamm ihren Silbenkern.

wir tragen — du trägst, ich esse — du isst

Vokale

a, **e**, **i**, **o** und **u** heißen Vokale.

Vokale können hell und dunkel klingen.

hell	dunkel
Hefe	Hefte
Wiese	Windel

Vorsilben

Vorangestellte Wortbausteine nennt man Vorsilben.

Sie verändern die Bedeutung von Wörtern.

Vorsilben werden immer gleich geschrieben.

laufen: weg laufen, ver laufen, vor laufen, mit laufen

Wortarten

Nomen, Verben, Adjektive und Artikel sind Wortarten.

Wortbausteine

Wörter sind aus Wortbausteinen zusammengesetzt.

Wortbausteine können die Bedeutung von Wörtern verändern.

weg fahr en , mit fahr en

Wortfamilien

Wörter mit dem gleichen Wortstamm sind die Verwandten
einer Wortfamilie.

les en, Les ebuch, vor les en, Les erin

Wortfeld

Alle Wörter, die eine ähnliche Bedeutung haben,
gehören zu einem Wortfeld.

gehen: rennen, laufen, schleichen, wandern, spazieren, ...

Wortstamm

Der Wortstamm ist der Teil des Wortes, der meistens gleich bleibt.

lieb Liebe, lieben, lieblich, ...

lach ich lache, du lachst, er / sie / es lacht, wir lachen

Zusammengesetzte Nomen

Aus mehreren Nomen kann man zusammengesetzte Nomen bilden.

Bilder + Buch → Bilderbuch

Zusammengesetzte Nomen bezeichnen etwas genauer.

Zwielaute

Au/au, Ei/ei, Ai/ai, Eu/eu und **Äu/äu** sind Zwielaute.

Sie stehen fest zusammen und zählen als ein verbundener Vokal.

Kapitel	Sprechen und Zuhören	Schreiben	Sprachgebrauch und Sprache untersuchen und reflektieren
Kapitel 1–12 permanentes Unterrichtsprinzip	**Über Lernen sprechen:** äußern sich beim Lösen einer Aufgabe zu ihren Beobachtungen und Vermutungen und nutzen dazu vorgegebene Formulierungen	**Texte planen und schreiben:** erstellen einfache persönliche Einträge zu Lernerfahrungen und -interessen	**Richtig schreiben:** nutzen den Grundwortschatz für die Jahrgangsstufen 1 und 2, um Rechtschreibstrategien bewusst zu üben und sich Schreibungen einzuprägen I üben Rechtschreibung entsprechend eigener Lernbedürfnisse mithilfe eines individuellen und klassenbezogenen Übungswortschatzes
Tafelschwamm und Pausenspiel	**Verstehend zuhören:** richten in Zuhör- und Gesprächssituationen ihre Aufmerksamkeit bewusst auf das Gesagte, informieren andere zu einfachen Sachverhalten, erzählen eigene Erlebnisse, **Gespräche führen:** beachten Regeln für gemeinsame Gespräche und gemeinsames Lernen und schaffen eine wertschätzende Gesprächsatmosphäre, damit sich alle mit eigenen Beiträgen beteiligen können	**Über Schreibfertigkeiten verfügen:** achten auf die Übersichtlichkeit und Wirkung ihrer Schriftstücke **Texte planen und schreiben:** sammeln Formulierungen und Informationen für ihre eigenen informierenden Texte und wählen daraus aus I verfassen eigene informierende, beschreibende Texte und achten dabei auf eine logische Anordnung der Informationen **Texte überarbeiten:** gestalten ihren fertigen Text ansprechend und rechtschriftlich korrekt für eine Veröffentlichung	**Richtig schreiben:** schreiben planvoll und fehlerlos ab und finden Fehler durch Vergleichen mit der Vorlage **Phonologisches und silbisches Prinzip nutzen:** schreiben lauttreue Wörter, indem sie silbisch mitsprechen I nutzen die Unterscheidung von Vokalen und Konsonanten, um den Vokal als Silbenkern zu bestimmen I schreiben lauttreue Wörter, indem sie silbisch mitsprechen I schreiben unbetonte Endsilben (Konsonant + ‹e›, ‹el›, ‹en›, ‹er›) richtig I unterscheiden Lautqualitäten gleich geschriebener Vokale I schreiben Wörter des Grundwortschatzes mit Doppelkonsonanten in der Wortmitte richtig
Gemüsebeißer und Sportskanonen	**Zu anderen sprechen:** informieren andere zu einfachen Sachverhalten, begründen ihre Meinung I bereiten eigene Beiträge vor, indem sie einfache Notizen verwenden **Gespräche führen:** beachten Regeln für gemeinsame Gespräche und Lernen und schaffen eine wertschätzende Gesprächsatmosphäre **Über Lernen sprechen:** setzen sich angemessene Ziele für einen kurzen überschaubaren Zeitraum	**Texte überarbeiten:** benennen in fremden Texten Gelungenes (Reihenfolge) **Texte planen und schreiben:** verfassen eigene informierende Texte und achten dabei auf eine logische Anordnung der Informationen I sammeln Formulierungen und Informationen für eigene informierende Texte I verfassen eigene informierende Texte I zeigen beim Schreiben eigener Texte Rechtschreibbewusstsein	**Sprachliche Strukturen untersuchen:** unterscheiden Vokale und Konsonanten, um Laute richtig zu beschreiben I verwenden beim Untersuchen, Beschreiben und Anwenden von sprachlichen Strukturen die zutreffenden Begriffe **Richtig schreiben:** nutzen das Alphabet beim Nachschlagen im Wörterverzeichnis I schreiben planvoll und fehlerlos ab und finden Fehler durch Vergleichen mit der Vorlage **Phonologisches und silbisches Prinzip nutzen:** schreiben Wörter des Grundwortschatzes mit ‹ie› regelgerecht, indem sie die Lautqualität und die Position am Ende der betonten Stammsilbe überprüfen I unterscheiden Lautqualitäten gleich geschriebener Vokale **Über Lernen sprechen:** verfügen über Formulierungsroutinen und Wortschatz
Wetterfrösche und Waldläufer	**Verstehend zuhören:** richten ihre Aufmerksamkeit bewusst auf das Gesagte I entnehmen Beiträgen die wesentlichen Informationen **Zu anderen sprechen:** erzählen zu einfachen Erlebnissen **Gespräche führen:** beachten Regeln für gemeinsame Gespräche I überprüfen Gespräche daraufhin, ob die Gesprächsregeln eingehalten wurden **Über Lernen sprechen:** verfügen über Formulierungsroutinen und geben wertschätzend Rückmeldung	**Texte planen und schreiben:** sammeln für das eigene Schreiben, auch im Austausch mit anderen, typische Elemente aus erzählenden Texten I verfassen kurze erzählende Texte **Texte überarbeiten:** benennen in eigenen und fremden Texten Gelungenes **Über Lernen sprechen:** schätzen mit Unterstützung den Erfolg ihres Lernens sowie der angewendeten Methoden ein	**Sprachliche Strukturen untersuchen:** bestimmen Nomen, indem sie Strategien anwenden I verwenden die zutreffenden Begriffe **Richtig schreiben:** schreiben planvoll und fehlerlos ab und finden Fehler durch Vergleichen mit der Vorlage **Phonologisches und silbisches Prinzip nutzen:** beachten die Verschiedenheit von Schreibung und Aussprache bei Buchstabengruppen **Grammatisches Prinzip nutzen:** wenden Strategien zum Erkennen von Nomen an
Bastelspaß und Technikwunder	**Verstehend zuhören:** bekunden ihr Verständnis der gesprochenen Sprache in konkreten Situationen und geben das Gehörte wieder **Zu anderen sprechen:** bereiten eigene Beiträge vor, indem sie einfache Notizen oder Bilder verwenden, ihre Vorträge einüben und Rückmeldungen beachten	**Texte planen und schreiben:** verfassen eigene informierende, beschreibende Texte und achten dabei auf eine logische Anordnung der Informationen **Texte überarbeiten:** geben zu Texten einen konkreten Überarbeitungshinweis **Sprache untersuchen:** nutzen Wortschatzalternativen in Bezug auf häufig gebrauchte Wörter	**Sprachliche Strukturen untersuchen:** erfassen den Satz als Sinneinheit, halten Satzgrenzen ein und setzen ein Satzschlusszeichen I verwenden beim Untersuchen, Beschreiben und Anwenden treffende Begriffe **Grammatisches Prinzip nutzen:** achten auf die Großschreibung am Satzanfang **Phonologisches und silbisches Prinzip nutzen:** überprüfen durch genaues Lautieren und Hören die richtige Schreibung bei ‹r› nach Vokal I beachten die Verschiedenheit von Schreibung und Aussprache bei den Buchstabengruppen ‹ng›, ‹nk›
Familienbund und Freundeskreis	**Gespräche führen:** gestalten kommunikative Standardsituationen, indem sie auf bekannte Formulierungen zurückgreifen **Szenisch spielen:** stellen eine Szene gestisch, mimisch und durch Bewegungsgrundformen dar **Sprachliche Verständigung untersuchen:** beschreiben Formen gelingender Verständigung	**Texte planen und schreiben:** schreiben Texte zu für sie bedeutungsvollen Themen und nach Impulsen **Texte überarbeiten:** überarbeiten mit Unterstützung kurze Texte I gestalten ihren fertigen Text ansprechend und rechtschriftlich korrekt für eine Veröffentlichung	**Sprachliche Strukturen untersuchen:** bestimmen Nomen, Verben und Artikel, indem sie Strategien anwenden **Morphologisches Prinzip nutzen:** finden gleiche Wortstämme in Wörtern und schreiben Umlaute und Verhärtungen richtig **Grammatisches Prinzip nutzen:** wenden Strategien zum Erkennen von Nomen an
Traumzeit und Abenteuerheld	**Verstehend zuhören:** richten in Zuhör- und Gesprächssituationen ihre Aufmerksamkeit bewusst auf das Gesagte und achten darauf, dass die akustischen Bedingungen im Klassenraum dem Zuhören förderlich sind **Zu anderen sprechen:** erzählen eigene Erlebnisse, begründen ihre Meinung I bereiten eigene Beiträge vor, indem sie einfache Notizen verwenden, ihre Vorträge einüben und Rückmeldungen beachten	**Texte planen und schreiben:** sammeln für das eigene Schreiben, auch im Austausch mit anderen, typische Elemente aus erzählenden Texten **Texte überarbeiten:** nehmen eine Anregung für die Überarbeitung auf und setzen sie um **Über Lernen sprechen:** setzen sich aufgrund der Rückmeldungen ein Ziel für ihre nächsten Texte	**Sprachliche Strukturen untersuchen:** verwenden Verben in der passenden Personalform I verwenden treffende Begriffe **Richtig schreiben:** schreiben Wörter des Grundwortschatzes mit Rechtschreibbesonderheiten richtig ‹v› **Morphologisches Prinzip nutzen:** finden gleiche Wortstämme in Wörtern und schreiben Umlaute und Verhärtungen richtig **Grammatisches Prinzip nutzen:** wenden Strategien zum Erkennen von Verben an

Kapitel	Sprechen und Zuhören	Schreiben	Sprachgebrauch und Sprache untersuchen und reflektieren
Wüstenschiff und Wollmilchsau	**Verstehend zuhören:** bekunden ihr Nicht-Verstehen, indem sie höflich Wiederholung erbitten sowie unbekannte Begriffe und Wendungen erfragen und nutzen die Rückmeldungen zur Erweiterung ihres Wortschatzes und ihrer Verstehensmöglichkeiten I sprechen bei Vorträgen verständlich und deutlich zu anderen, setzen beim Sprechen sinnvolle Pausen und heben das Wichtige durch Betonung hervor	**Texte planen und schreiben:** verfassen eigene informierende, beschreibende Texte und achten dabei auf eine logische Anordnung der Informationen **Texte überarbeiten:** gestalten ihren fertigen Text ansprechend und rechtschriftlich korrekt für eine Veröffentlichung	**Sprachliche Strukturen untersuchen:** nutzen Adjektive, um genau zu beschreiben und wirkungsvoll zu erzählen I verwenden beim Untersuchen, Beschreiben und Anwenden von sprachlichen Strukturen die zutreffenden Begriffe **Phonologisches und silbisches Prinzip nutzen:** schreiben Wörter des Grundwortschatzes mit <ie> regelgerecht **Morphologisches Prinzip nutzen:** finden gleiche Wortstämme in Wörtern und schreiben Umlaute und Verhärtungen richtig
Lesemops und Bücherwurm	**Zu anderen sprechen:** sprechen bei kleinen Vorträgen verständlich und deutlich zu anderen I erbitten und geben wertschätzende Rückmeldung zu Redebeiträgen **Gespräche führen:** beteiligen sich in unterschiedlichen Situationen an Gesprächen **Über Leseerfahrungen verfügen:** schildern Leseerfahrungen und vergleichen sie im Austausch miteinander I beschreiben ihre Leseerfahrungen	**Texte planen und schreiben:** sammeln für das eigene Schreiben typische Elemente aus erzählenden Texten I verfassen kurze erzählende Texte, auch indem sie Vorgaben variieren **Texte überarbeiten:** nehmen eine Anregung für die Überarbeitung auf und setzen sie um	**Sprachliche Strukturen untersuchen:** finden in Wörtern der gleichen Wortfamilie den Wortstamm I verwenden Verben in der passenden Personalform **Richtig schreiben:** schreiben Wörter des Grundwortschatzes mit Rechtschreibbesonderheiten richtig <ai, ä> I nutzen das Alphabet beim Nachschlagen in Wörterverzeichnissen **Morphologisches Prinzip nutzen:** finden gleiche Wortstämme in Wörtern und schreiben Umlaute und Verhärtungen richtig
Freizeitspaß und Zeitvertreib	**Verstehend zuhören:** bekunden ihr Verständnis der gesprochenen Sprache in konkreten Situationen und geben das Gehörte wieder I entnehmen Beiträgen, die in Standard- oder Bildungssprache gehalten sind, die wesentlichen Informationen	**Texte planen und schreiben:** sammeln für das eigene Schreiben, auch im Austausch mit anderen, typische Elemente aus erzählenden Texten I verfassen kurze erzählende Texte, auch indem sie z. B. Vorgaben variieren, und zeigen das Erzählenswerte an ihrem Text **Texte überarbeiten:** nehmen eine Anregung für die Überarbeitung auf und setzen sie um **Sprachliche Strukturen untersuchen:** nutzen Wortschatzalternativen in Bezug auf häufig gebrauchte Wörter	**Sprachliche Strukturen untersuchen:** orientieren sich in Texten mithilfe der Begriffe Überschrift, Zeile, Spalte und Absatz **Richtig schreiben:** schreiben Wörter des Grundwortschatzes mit Rechtschreibbesonder-heiten richtig <ß> **Morphologisches Prinzip nutzen:** finden gleiche Wortstämme in Wörtern und schreiben Umlaute und Verhärtungen richtig
Computermäuse und Funkhühner	**Zu anderen sprechen:** informieren andere zu einfachen Sachverhalten, begründen ihre Meinung **Gespräche führen:** beteiligen sich in unterschiedlichen Situationen an Gesprächen I berichten oder beschreiben Erlebtes, äußern Meinungen I beschreiben anhand von Beispielen, welche Absichten Menschen mit ihren sprachlichen Beiträgen verfolgen	**Texte planen und schreiben:** schreiben eigene kreative Texte, indem sie kindgerechte literarische Formen und Textmuster variieren **Texte überarbeiten:** gestalten ihren fertigen Text ansprechend und rechtschriftlich korrekt für eine Veröffentlichung	**Sprachliche Strukturen untersuchen:** finden in Wörtern häufig wiederkehrende Wortbausteine I nutzen Zusammensetzungen als Mittel der Wortbildung, um sich präzise auszudrücken und Sprache abwechslungsreich und kreativ verwenden zu können **Richtig schreiben:** schreiben Wörter des Grundwortschatzes mit Rechtschreibbesonderheiten richtig <ck, tz, c> I nutzen das Alphabet beim Nachschlagen in Wörterverzeichnissen und Wörterbüchern **Morphologisches Prinzip nutzen:** schreiben häufig vorkommende Silben richtig
Weltenbummler und Reiseabenteurer	**Gemeinsamkeiten und Unterschiede von Sprache entdecken:** vergleichen andere Sprachen, um Gemeinsamkeiten und Unterschiede zu entdecken sowie Vielfalt wertzuschätzen I beschreiben Unterschiede zwischen Alltags- und Bildungssprache bezüglich der Wortwahl, auch im Hinblick auf Dialekt **Gespräche führen:** gestalten kommunikative Standard-situationen	**Texte planen und schreiben:** schreiben Texte zu für sie bedeutungsvollen Themen und Impulsen	**Sprachliche Strukturen untersuchen:** bestimmen Nomen, Verben und Artikel, indem sie Strategien anwenden **Richtig schreiben:** schreiben Wörter des Grundwortschatzes mit Rechtschreibbesonderheiten richtig <h, y, x> **Morphologisches Prinzip nutzen:** finden gleiche Wortstämme in Wörtern und schreiben Umlaute und Verhärtungen richtig
Schneemänner und Sandburgen	**Zu anderen sprechen:** sprechen bei kleinen Vorträgen verständlich und deutlich zu anderen, setzen beim Sprechen sinnvolle Pausen und heben das Wichtige in Äußerungen durch Betonung hervor **Szenisch spielen:** gestalten eine Rolle im medialen Spiel oder im personalen Spiel und finden Möglichkeiten, Gefühle und Stimmungen auszudrücken I beobachten andere im szenischen Spiel, benennen persönliche Eindrücke und tauschen sich darüber aus	**Über Schreibfertigkeiten verfügen:** gehen mit Schrift gestalterisch um und achten auf die Übersichtlichkeit und Wirkung ihrer Schriftstücke **Texte planen und schreiben:** schreiben eigene kreative Texte, indem sie kindgerechte literarische Formen und Textmuster variieren I zeigen beim Schreiben eigener Texte Rechtschreibbewusstsein	**Morphologisches Prinzip nutzen:** finden gleiche Wortstämme in Wörtern und schreiben Umlaute und Verhärtungen richtig